# 聖 經
성 경

# 筆 寫
필 사

第 七 卷 ㊤

詩篇 94-150장

箴言 01-31상

聖經筆寫協會 著: 柳賢授

# 서 문 (序文)

필사와 필기의 개념을 먼저 생각을 하려고 합니다.

필사는 말 그대로 글자 위에 글씨를 따라 그리는 형태를 말하고 필기는 글을 받아 적거나 글을 보고 백지면 위에 글씨를 쓰는 형태를 말합니다.
이 책은 제목처럼 필사입니다.

처음에는 모방을 하는 듯 하지만 시간이 지나면서 인내심도 깊어지고 악필이라고 하는 난필을 교정하고 오랜 시간이 지나면 자신도 모르는 사이에 자신만의 필체를 만들어가며 생활에서 마음 속 깊이 자부심이 심어지고 인내심과 정신력이 깊이 향상되어 가고 있는 것을 깨닫게 될 것입니다.

혼자서 필사를 하려고 하다가 같이 필사를 해야겠다는 생각을 하고 준비를 했습니다.

도서출판 보혜 드림

# 七卷㊤目次

# 詩篇 第九十四篇
시 편 제 구 십 사 편

시94:1

耶和華歟、
야 화 화 여

爾乃報復之
이 내 보 복 지

祆上帝、
천 상 제

報復之祆上帝歟、
보 복 지 천 상 제 여

尙其顯著兮、
상 기 현 저 혜

시94:2

鞫世者歟、
국 세 자 여

尙其興起、
상 기 흥 기

使驕者受應
사 교 자 수 응

得之報兮、
득 지 보 혜

시94:3

耶和華歟、
야 화 화 여

惡人歡呼、
악 인 환 호

將至何時、
장 지 하 시

伊於胡底兮、
이 어 호 저 혜

시94:4

彼乃喋喋、
피 내 첩 첩

出言傲慢、
출 언 오 만

作惡者皆自誇兮、
작 악 자 개 자 과 혜

시94:5

耶和華歟、
야 화 화 여

彼壓制爾民、
피 압 제 이 민

困苦爾業、
곤 고 이 업

시94:6

殺嫠婦、
살 리 부

戮羈旅、
륙 기 려

屠孤兒、
도고아

시94:7

乃曰耶和華
내왈야화화

不及見、
불급견

雅各之祆上帝
아각지천상제

不介意兮、
불개의혜

시94:8

愚蠢之民、
우준지민

爾其思之、
이기사지

蒙昧之輩、
몽매지배

何時爲智乎、
하시위지호

시94:9

造耳者豈無聞、
조이자기무문

製目者豈無見乎、
제목자기무견호

시94:10

教誨列邦者、
교 회 열 방 자

豈不懲責、
기 불 징 책

以智訓人者、
이 지 훈 인 자

豈無知識乎、
기 무 지 식 호

시94:11

人之意念爲虛、
인 지 의 념 위 허

耶和華知之兮、
야 화 화 지 지 혜

시94:12

耶和華歟、
야 화 화 여

爾所懲責、
이 소 징 책

訓以律者、
훈 이 률 자

其有福兮、
기 유 복 혜

시94:13

脫之於患難、
탈 지 어 환 난

錫之以綏安、
석 지 이 수 안

迨爲惡人掘阱兮、
태 위 악 인 굴 정 혜

시94:14

耶和華不棄其民、
야 화 화 불 기 기 민

不遺其業兮、
불 유 기 업 혜

시94:15

行鞫必歸公義、
행 국 필 귀 공 의

心正者遵循之兮、
심 정 자 준 순 지 혜

시94:16

行惡者、
행 악 지

孰爲我起而攻之、
숙 위 아 기 이 공 지

作慝者、
작 특 자

孰爲我立而敵之、
숙 위 아 립 이 적 지

시94:17

微耶和華助我、
미 야 화 화 조 아

我則速歸幽寂兮、
아 칙 속 귀 유 적 혜

시94:18

耶和華歟、
야 화 화 여

我曰我足滑跌時、
아 왈 아 족 활 질 시

爾之慈惠扶我兮、
이 지 자 혜 부 아 혜

시94:19

我懷多慮、
아 회 다 려

爾之慰藉娛我兮、
이 지 위 자 오 아 혜

시94:20

奸惡在位、
간 악 재 위

藉律作慝、
자 률 작 특

豈能與爾交通乎、
기 능 여 이 교 통 호

시94:21

彼乃集攻義人、
피 내 집 공 의 인

定無辜之罪兮、
정 무 고 지 죄 혜

시94:22

惟耶和華爲我高臺、
유 야 화 화 위 아 고 대

我祆上帝爲我託庇之
아 천 상 제 위 아 탁 비 지

磐石兮、
반 석 혜

시94:23

乃以其罪加之、
내 이 기 죄 가 지

必因其惡絶之、
필 인 기 악 절 지

耶和華我祆上帝、
야 화 화 아 천 상 제

必絶之兮、
필 절 지 혜

## 詩篇第九十五篇
시 편 제 구 십 오 편

시95:1

其來歌頌耶和華、
기 래 가 송 야 화 화

向救我之磐石歡呼

향 구 아 지 반 석 환 호

兮、

혜

시95:2

以稱謝詣其前、

이 칭 사 예 기 전

以詩歌向之歡呼兮、

이 시 가 향 지 환 호 혜

시95:3

蓋耶和華爲大神、

개 야 화 화 위 대 신

爲大君、

위 대 군

超越諸神兮、

초 월 제 신 혜

시95:4

地之隱處在其手、

지 지 은 처 재 기 수

山之高處亦屬之、

산 지 고 처 역 속 지

시95:5

滄海爲其所有、

창 해 위 기 소 유

乃其所造、
내 기 소 조

陸地其手所甄陶兮、
륙 지 기 수 소 견 도 혜

시95:6

其來鞠躬而拜、
기 래 국 궁 이 배

跪於造我之耶和華前
궤 어 조 아 지 야 화 화 전

兮、
혜

시95:7

彼乃我天上帝、
피 내 아 천 상 제

我儕爲其所牧之民、
아 제 위 기 소 목 지 민

手下之羊、
수 하 지 양

願爾今聽其言兮、
원 이 금 청 기 언 혜

시95:8

勿剛愎乃心、
물 강 퍅 내 심

如在米利巴、
여 재 미 리 파

在曠野瑪撒之日兮、
재 광 야 마 살 지 일 혜

시95:9

維時、
유 시

爾祖見我所爲、
이 조 견 아 소 위

猶探我試我兮、
유 탐 아 시 아 혜

시95:10

歷年四十、
력 년 사 십

我厭此代曰、
아 염 차 대 왈

斯民心迷、
사 민 심 미

未識我途兮、
미 식 아 도 혜

시95:11

故我怒而誓曰、
고 아 노 이 서 왈

彼必不得入我安息
피 필 불 득 입 아 안 식

兮、
혜

# 詩篇第九十六篇
시 편 제 구 십 륙 편

시96:1

爾其向耶和華唱新
이 기 향 야 화 화 장 신

歌、
가

全地歌頌耶和華兮、
전 지 기 송 야 화 화 혜

시96:2

謳歌耶和華、
구 가 야 화 화

頌讚其名、
송 찬 기 명

日宣其拯救兮、
일 선 기 증 구 혜

시96:3

述其尊榮於列邦、
술 기 존 영 어 열 방

道其奇行於萬民兮、
도 기 기 행 어 만 민 혜

시96:4

蓋耶和華爲大、
개 야 화 화 위 대

宜宏讚美、
의 굉 찬 미

超越諸神、
초 월 제 신

宜切敬畏兮、
의 절 경 외 혜

시96:5

列邦之神、
열 방 지 신

盡屬虛無、
진 속 허 무

惟耶和華創造諸天
유 야 화 화 창 조 제 천

兮、
혜

시96:6

尊榮威嚴、
존 영 위 엄

在於其前、
재 어 기 전

能力光華、
능 력 광 화

顯於聖所兮、
현 어 성 소 혜

시96:7

萬民諸族歟、
만 민 제 족 여

當以尊榮能力歸於耶
당 이 존 영 능 력 귀 어 야

和華、
화 화

咸歸於耶和華兮、
함 귀 어 야 화 화 혜

시96:8

以耶和華名應得之榮
이 야 화 화 명 응 득 지 영

歸之、
귀 지

奉禮入其院宇兮、
봉 예 입 기 원 우 혜

시96:9

當衣聖服、
당 의 성 복

崇拜耶和華、
숭 배 야 화 화

全地戰慄於其前兮、
전 지 전 률 어 기 전 혜

시96:10

宣告列邦曰、
선 고 열 방 왈

耶和華秉權、
야 화 화 병 권

世界堅立、
세 계 견 립

不至動搖、
불 지 동 요

彼必秉公、
피 필 병 공

以鞫萬民兮、
이 국 만 민 혜

시96:11

諸天其歡、
제 천 기 환

大地其喜、
대 지 기 희

海及充其中者、
해 급 충 기 중 자

悉揚厥聲兮、
실 양 궐 성 혜

시96:12

田與其中所有、
전 여 기 중 소 유

尙其歡欣、
상 기 환 흔

林間諸木、
림 간 제 목

則歡呼於耶和華前
칙 환 호 어 야 화 화 전

兮、
혜

시96:13

蓋彼將臨、
개 피 장 림

行鞫於地、
행 국 어 지

以公義鞫斯世、
이 공 의 국 사 세

以誠實鞫萬民兮、
이 성 실 국 만 민 혜

## 詩篇第九十七篇
시 편 제 구 십 칠 편

시97:1

耶和華秉權、
야 화 화 병 권

大地其歡忭、
대 지 기 환 변

羣島其喜樂兮、
군 도 기 희 악 혜

시97:2

密雲黑暗環之、
밀 운 흑 암 환 지

仁義公平、
인 의 공 평

爲其位之基兮、
위 기 위 지 기 혜

시97:3

火燎其前、
화 료 기 전

焚四周之敵兮、
분 사 주 지 적 혜

시97:4

其電照耀世界、
기 전 조 요 세 계

大地見之而顫兮、
대 지 견 지 이 전 혜

시97:5

山嶽如蠟銷鎔、
산 악 여 랍 소 용

因其見耶和華、
인 기 견 야 화 화

全地之主兮、
전 지 지 주 혜

시97:6

諸天宣其義、
제 천 선 기 의

諸民見其榮兮、
제 민 견 기 영 혜

시97:7

凡奉雕像、
범 봉 조 상

以虛無自誇者、
이 허 무 자 과 자

願其蒙羞、
원 기 몽 수

爾諸神歟、
이 제 신 여

敬拜袄上帝兮、
경 배 천 상 제 혜

시97:8

耶和華歟、
야 화 화 여

郇民聞爾行鞫而喜、
순 민 문 이 행 국 이 희

猶大之女、
유 대 지 녀

因之而樂兮、
인 지 이 악 혜

시97:9

耶和華歟、
야 화 화 여

爾乃至高、
이 내 지 고

超乎全地、
초 호 전 지

爾被尊崇、
이 피 존 숭

越於諸神兮、
월 어 제 신 혜

시97:10

愛耶和華者歟、
애 야 화 화 자 여

爾其惡惡、
이 기 악 악

彼保聖民之命、
피 보 성 민 지 명

拯之於惡人手兮、
증 지 어 악 인 수 혜

시97:11

光輝爲行義者而布、
광 휘 위 행 의 자 이 포

喜樂爲心正者所獲、
희 악 위 심 정 자 소 획

시97:12

爾義人歟、
이 의 인 여

緣耶和華而喜、
연 야 화 화 이 희

爲其聖名而稱謝兮、
위 기 성 명 이 칭 사 혜

詩篇 第九十八篇
시 편 제 구 십 팔 편

시98:1

爾其向耶和華唱新
이 기 향 야 화 화 창 신

歌、
가

以其行奇事、
이 기 행 기 사

彼之右手聖臂施救
피 지 우 수 성 비 시 구

兮、
혜

시98:2

耶和華顯其拯救、
야 화 화 현 기 증 구

彰其公義於列邦兮、
창 기 공 의 어 열 방 혜

시98:3
對以色列家之慈惠信
대 이 색 열 가 지 자 혜 신
實、
실
彼記憶之、
피 기 억 지
地之四極、
지 지 사 극
咸見我祆上帝之拯救
함 견 아 천 상 제 지 증 구
兮、
혜

시98:4
全地其向耶和華歡
전 지 기 향 야 화 화 환
呼、
호
發聲歌詠、
발 성 가 영
而頌讚之兮、
이 송 찬 지 혜

시98:5

鼓琴歌頌耶和華、
고 금 가 송 야 화 화

以琴與和諧之聲兮、
이 금 여 화 해 지 성 혜

시98:6

和以角笳之聲、
화 이 각 가 지 성

歡呼於大君耶和華前
환 호 어 대 군 야 화 화 전

兮、
혜

시98:7

海及充其中者、
해 급 충 기 중 자

世與居其間者、
세 여 거 기 간 자

悉揚厥聲兮、
실 양 궐 성 혜

시98.8

波濤鼓掌、
파 도 고 장

山嶽應之、
산 악 응 지

歡呼於耶和華前兮、
환 호 어 야 화 화 전 혜

시98:9

蓋彼將臨、
개 피 장 림

行鞫於地、
행 국 어 지

以公義鞫斯世、
이 공 의 국 사 세

以中正鞫萬民兮、
이 중 정 국 만 민 혜

## 詩篇 第九十九篇
시 편 제 구 십 구 편

시99:1

耶和華秉權、
야 화 화 병 권

萬民其戰慄、
만 민 기 전 률

彼居基路伯上、
피 거 기 로 백 상

大地其震動兮、
대 지 기 진 동 혜

시99:2

耶和華在郇爲大、
야 화 화 재 순 위 대

超越萬民兮、
초 월 만 민 혜

시99:3

其名大而可畏、
기 명 대 이 가 외

宜頌讚之、
의 송 찬 지

彼乃爲聖兮、○
피 내 위 성 혜

시99:4

王有能力、
왕 유 능 력

而好公平、
이 호 공 평

建立中正、
건 립 중 정

在雅各家秉公行義
재 아 각 가 병 공 행 의

兮、
혜

시99:5

尊崇我祆上帝耶和
존 숭 아 천 상 제 야 화

華、
화

於其足几前敬拜之、
어 기 족 궤 전 경 배 지

彼乃爲聖兮、 ○
피 내 위 성 혜

시99:6

其祭司中、
기 제 사 중

有摩西亞倫、
유 마 서 아 륜

呼籲其名者中、
호 유 기 명 자 중

有撒母耳、
유 살 모 이

彼衆呼籲耶和華、
피 중 호 유 야 화 화

蒙其俞允兮、
몽 기 유 윤 혜

시99:7

在雲柱中諭之、
재 운 주 중 유 지

彼衆守其法度、
피 중 수 기 법 도

遵其所賜之典章兮、
준 기 소 사 지 전 장 혜

시99:8

耶和華我祅上帝歟、
야 화 화 아 천 상 제 여

爾俞允之、
이 유 윤 지

爲其行赦之祆上帝、
위 기 행 사 지 천 상 제

然猶報其所行兮、
연 유 보 기 소 행 혜

시99:9

尊崇我祆上帝耶和
존 숭 아 천 상 제 야 화

華、
화

敬拜於其聖山、
경 배 어 기 성 산

蓋我祆上帝耶和華爲
개 아 천 상 제 야 화 화 위

聖兮、
성 혜

# 詩篇第一百篇
시 편 제 일 백 편

稱謝之詩○
칭 사 지 시

시100:1

全地其向耶和華歡
전 지 기 향 야 화 화 환

呼、
호

시100:2

欣喜而奉耶和華、
흔 희 이 봉 야 화 화

謳歌而詣其前兮、
구 가 이 예 기 전 혜

시100:3

當知耶和華爲祅上帝、
당 지 야 화 화 위 천 상 제

彼乃造我、
피 내 조 아

我亦屬之、
아 역 속 지

我爲其民、
아 위 기 민

爲其牧場之羊兮、
위 기 목 장 지 양 혜

시100:4

以稱謝入其門、
이 칭 사 입 기 문

以讚美入其院、
이 찬 미 입 기 원

感謝其恩、
감 사 기 은

頌美其名兮、
송 미 기 명 혜

시100:5

蓋耶和華乃善、
개 야 화 화 내 선

其慈惠永存、
기 자 혜 영 존

其信實萬世不易兮、
기 신 실 만 세 불 역 혜

## 詩篇第百有一篇
시 편 제 백 유 일 편

大衛之詩○
대 위 지 시

시101:1

我必謳歌慈惠公義、
아 필 구 가 자 혜 공 의

耶和華歟、
야 화 화 여

我歌頌爾兮、
아 가 송 이 혜

시101:2

我致志於純全之道、
아 치 지 어 순 전 지 도

爾何時臨蒞我、
이 하 시 림 리 아

必以純全之心、
필 이 순 전 지 심

行於家庭兮、
행 어 가 정 혜

시101:3

卑陋之事、
비 루 지 사

我不寓目、
아 불 우 목

偏僻之行、
편 벽 지 행

我所深惡、
아 소 심 악

不沾我躬兮、
불 점 아 궁 혜

시101:4

邪曲之心、
사 곡 지 심

我必遠之、
아 필 원 지

奸惡之事、
간 악 지 사

我不識之兮、
아 불 식 지 혜

시101:5

潛毁其鄰者、
잠 훼 기 린 자

我必絶之、
아 필 절 지

目高心傲者、
목 고 심 오 자

我不容之兮、
아 불 용 지 혜

시101:6

境內忠誠之民、
경 내 충 성 지 민

我目顧之、
아 목 고 지

令其與我偕居、
령 기 여 아 해 거

行純全之道者、
행 순 전 지 도 자

必服事我兮、
필 복 사 아 혜

시101:7

行詐者不得居於我
행 사 자 불 득 거 어 아

室、
실

言誑者不得立於我
언 광 자 불 득 립 어 아

前、
전

시101:8

境內惡人、
경 내 악 인

我每晨必殄之、
아 매 신 필 진 지

作慝之輩、
작 특 지 배

必絶於耶和華之邑
필 절 어 야 화 화 지 읍

兮、
혜

詩篇第百有二篇
시 편 제 백 유 이 편

困苦之人於耶和華
곤 고 지 인 어 야 화 화

前陳情祈禱之詞○
전 진 정 기 도 지 사

시102:1

耶和華歟、
야 화 화 여

聽我所禱、
청 아 기 도

使我呼籲達於爾前
사 아 호 유 달 어 이 전

兮、
혜

시102:2

我遭難之日、
아 조 난 지 일

勿向我掩面、
물 향 아 엄 면

我呼籲之時、
아 호 유 지 시

其向我側耳、
기 향 아 측 이

速允我兮、
속 윤 아 혜

시102:3

我之時日、
아 지 시 일

如烟之消、
여 연 지 소

我之骸骨、
아 지 해 골

如炬之焚兮、
여 거 지 분 혜

시102:4

我心被傷、
아 심 피 상

如草枯槁、
여 초 고 고

以至忘餐兮、
이 지 망 찬 혜

시102:5

發聲呻吟、
발 성 신 음

膚革貼骨兮、
부 혁 첩 골 혜

시102:6

我如曠野之鵜鶘、
아 여 광 야 지 제 호

荒墟之鴟鴞兮、
황 허 지 지 효 혜

시102:7

醒而不寐、
성 이 불 매

如屋頂之孤雀兮、
여 옥 정 지 고 작 혜

시102:8

我敵終日詆我、
아 적 종 일 저 아

狂待我者、
광 대 아 자

指我而詛兮、
지 아 이 저 혜

시102:9

我食灰如餅、
아 식 회 여 병

和淚而飲兮、
화 루 이 음 혜

시102:10

因爾忿恚震怒、
인 이 분 에 진 노

取我而擲之兮、
취 아 이 척 지 혜

시102:11

我日如晷延長、
아 일 여 귀 연 장

我躬如草枯槁兮、○
아 궁 여 초 고 고 혜

시102:12

耶和華歟、
야 화 화 여

惟爾永存、
유 이 영 존

爾誌歷世弗替兮、
이 지 력 세 불 체 혜

시102:13

爾將興起、
이 장 흥 기

矜憫郇邑、
긍 민 순 읍

今屆撫恤之時、
금 계 무 휼 지 시

定期已至兮、
정 기 이 지 혜

시102:14

爾僕悅其石、
이 복 열 기 석

而惜其土兮、
이 석 기 토 혜

시102:15

列邦必敬畏耶和華
열 방 필 경 외 야 화 화

名、
명

地上諸王、
지 상 제 왕

敬畏爾榮兮、
경 외 이 영 혜

시102:16

蓋耶和華建築郇邑、
개 야 화 화 건 축 순 읍

見於其榮兮、
견 어 기 영 혜

시102:17

垂念貧者之禱、
수 념 빈 자 지 도

不輕視其祈兮、
불 경 시 기 기 혜

시102:18

此言必爲後人錄之、
차 언 필 위 후 인 록 지

將來受造之民、
장 래 수 조 지 민

必頌讚耶和華兮、
필 송 찬 야 화 화 혜

시102:19

蓋耶和華自聖所高處
개 야 화 화 자 성 소 고 처

垂鑒、
수 감

自天俯視下土兮、
자 천 부 시 하 토 혜

시102:20

聽俘囚之欷歔、
청 부 수 지 희 허

釋瀕死之人兮、
석 빈 사 지 인 혜

시102:21

俾人宣耶和華名於
비 인 선 야 화 화 명 어

郇、
순

播其聲譽於耶路撒
파 기 성 예 어 야 로 살

冷、
랭

시102:22

在萬民諸國會集、
재 만 민 제 국 회 집

崇事耶和華之時兮、
숭 사 야 화 화 지 시 혜

시102:23

彼於中道、
피 어 중 도

敗我精力、
패 아 정 력

促我時日兮、
촉 아 시 일 혜

시102:24

我曰、
아 왈

我祆上帝歟、
아 천 상 제 여

爾年歷萬世、
이 년 력 만 세

勿使我中年而逝兮、
물 사 아 중 년 이 서 혜

시102:25

上古爾奠地基、
상 고 이 전 지 기

諸天爾手所造兮、
제 천 이 수 소 조 혜

시102:26

斯必滅沒、
사 필 멸 몰

惟爾恒存、
유 이 긍 존

此皆如衣漸舊、
차 개 여 의 점 구

爾將易之如服、
이 장 역 지 여 복

則俱改變兮、
칙 구 개 변 혜

시102:27

惟爾不易、
유 이 불 역

爾年無盡兮、
이 년 무 진 혜

시102:28

爾僕之子必恆存、
이 복 지 자 필 긍 존

其裔堅立於爾前兮、
기 예 견 립 어 이 전 혜

## 詩篇 第百有三篇
시 편 제 백 유 삼 편

大衛之詞○
대 위 지 사

시103:1

我心當頌美耶和華、
아 심 당 송 미 야 화 화

我衷所有、
아 충 소 유

頌其聖名兮、
송 기 성 명 혜

시103:2

我心當頌美耶和華、
아 심 당 송 미 야 화 화

勿忘其恩澤兮、
물 망 기 은 택 혜

시103:3

彼宥爾諸愆、
피 유 이 제 건

醫爾諸疾兮、
의 이 제 질 혜

시103:4

贖爾命於死亡、
속 이 명 어 사 망

冠爾以仁愛慈惠兮、
관 이 이 인 애 자 혜 혜

시103:5

錫以嘉物、
석 이 가 물

饜爾所欲、
염 이 소 욕

俾爾反少如鷹兮、
비 이 반 소 여 응 혜

시103:6

耶和華行義事、
야 화 화 행 의 사

爲受虐者伸寃兮、
위 수 학 자 신 원 혜

시103:7

以其經營示摩西、
이 기 경 영 시 마 서

以其作爲示以色列人兮、
이 기 작 위 시 이 색 열 인 혜

시103:8

耶和華乃仁慈矜憫、
야 화 화 내 인 자 긍 민

遲於發怒、
지 어 발 노

富有慈惠兮、
부 유 자 혜 혜

시103:9

不恆置辯、
불 긍 치 변

不永懷怒兮、
불 영 회 노 혜

시103:10

未依我罪相待、
미 의 아 죄 상 대

未循我愆施報兮、
미 순 아 건 시 보 혜

시103:11

在於敬畏之者、
재 어 경 외 지 자

慈惠之大、
자 혜 지 대

如天之高於地兮、
여 천 지 고 어 지 혜

시103:12

去我罪愆、
거 아 죄 건

如東之遠於西兮、
여 동 지 원 어 서 혜

시103:13

敬畏之者、
경 외 지 지

耶和華矜憫之、
야 화 화 긍 민 시

如父之恤其子兮、
여 부 지 휼 기 자 혜

시103:14

蓋知我之體質、
개 지 아 지 체 질

念我爲塵土兮、
념 아 위 진 토 혜

시103:15

維彼世人、
유 피 세 인

其日如草、
기 일 여 초

其生如野花兮、
기 생 여 야 화 혜

시103:16

一經風過、
일 경 풍 과

卽歸烏有、
즉 귀 오 유

其地不復識之兮、
기 지 불 복 식 지 혜

시103:17

18 惟敬畏耶和華、
유 경 외 야 화 화

守其約、
수 기 약

憶其律、
억 기 률

而遵行者、
이 준 행 자

耶和華之慈惠加之、
야 화 화 지 자 혜 가 지

其義施於子孫、
기 의 시 어 자 손

自亙古至永久兮、
자 선 고 지 영 구 혜

시103:19

耶和華之位立於天、
야 화 화 지 위 립 어 천

其權統萬有兮、
기 권 통 만 유 혜

시103:20

具有能力、
구 유 능 력

成其旨、
성 기 지

聽其命之諸使歟、
청 기 명 지 제 사 여

其頌美耶和華、
기 송 미 야 화 화

시103:21

爲其役、
위 기 역

行其旨之諸軍歟、
행 기 지 지 제 군 여

其頌美耶和華、
기 송 미 야 화 화

시103:22

凡其所造、
범 기 소 조

在其所轄之區、
재 기 소 할 지 구

其頌美耶和華、
기 송 미 야 화 화

我心頌美耶和華兮、
아 심 송 미 야 화 화 혜

## 詩篇 第百有四篇
시 편 제 백 유 사 편

시104:1

我心當頌美耶和華、
아 심 당 송 미 야 화 화

我祆上帝耶和華歟、
아 천 상 제 야 화 화 여

爾爲至大、
이 위 지 대

衣以尊榮威嚴兮、
의 이 존 영 위 엄 혜

시104:2

被光華如衣、
피 광 화 여 의

布穹蒼如幬兮、
포 궁 창 여 주 혜

시104:3

安樓閣之棟於水中、
안 루 각 지 동 어 수 중

以雲爲輿、
이 운 위 여

馭風之翼而行兮、
어 풍 지 익 이 행 혜

시104:4

以風爲使、
이 풍 위 사

以火爲役兮、
이 화 위 역 혜

시104:5

奠地之基、
전 지 지 기

永不動搖兮、
영 불 동 요 혜

시104:6

以淵覆之、
이 연 복 지

有若衣服、
유 약 의 복

水高於山兮、
수 고 어 산 혜

시104:7

爾叱咤發、
이 질 타 발

水卽奔逃、
수 즉 분 도

爾雷聲作、
이 뢰 성 작

水卽迅逝兮、
수 즉 신 서 혜

시104:8

山乃出、
산 내 출

谷乃陷、
곡 내 함

水歸爾所定之區兮、
수 귀 이 소 정 지 구 혜

시104:9

爾立厥界、
이 립 궐 계

俾不踰越、
비 불 유 월

不復返而覆地兮、
불 복 반 이 복 지 혜

시104:10
使泉湧於陵谷、
사 천 용 어 릉 곡
流於山間兮、
류 어 산 간 혜

시104:11
飮田原之獸、
음 전 원 지 수
解野驢之渴兮、
해 야 려 지 갈 혜

시104:12
飛鳥棲於水濱、
비 조 서 어 수 빈
鳴於樹枝兮、
명 어 수 지 혜

시104:13
彼自其閣、
피 자 기 각
灌漑山岡、
관 개 산 강
緣其功效、
연 기 공 효

大地饒足兮、
대 지 요 족 혜

시104:14

生草萊以飼六畜、
생 초 래 이 사 육 축

備菜蔬以供人需、
비 채 소 이 공 인 수

俾穀產於地兮、
비 곡 산 어 지 혜

시104:15

又備酒醴以悅人心、
우 비 주 례 이 열 인 심

膏油以澤人面、
고 유 이 택 인 면

糗糧以固人誌兮、
구 량 이 고 인 지 혜

시104:16

耶和華之林木、
야 화 화 지 림 목

所植利巴嫩之香柏、
소 식 리 파 눈 지 향 백

足沾雨澤兮、
족 첨 우 택 혜

시104:17

鳥構巢其中、
조 구 소 기 중

鶴以松爲室兮、
학 이 송 위 실 혜

시104:18

野羊處於高山、
야 양 처 어 고 산

沙番藏於巖石兮、
사 번 장 어 암 석 혜

시104:19

彼立月以定時、
피 립 월 이 정 시

日知其入兮、
일 지 기 입 혜

시104:20

造暗爲夜、
조 암 위 야

林間百獸潛出兮、
림 간 백 수 잠 출 혜

시104:21

穉獅咆哮以攫物、
치 사 포 효 이 확 물

向祆上帝求食兮、
향 천 상 제 구 식 혜

시104:22

日 出 獸 藏、
일 출 수 장

偃 臥 於 穴 兮、
언 와 어 혈 혜

시104:23

人 出 而 作、
인 출 이 작

勤 勞 至 暮 兮、
근 로 지 모 혜

시104:24

耶 和 華 歟、
야 화 화 여

爾 之 造 作 何 其 多、
이 지 조 작 하 기 다

皆 以 智 慧 而 成、
개 이 지 혜 이 성

寰 宇 充 爾 財 物 兮、
환 우 충 이 재 물 혜

시104:25

海 大 且 廣、
해 대 차 광

動 物 無 數、
동 물 무 수

小 大 咸 有 兮、
소 대 함 유 혜

시104:26

其中舟楫往來、
기 중 주 즙 왕 래

鱷魚遊泳、
악 어 유 영

爲爾所造兮、
위 이 소 조 혜

시104:27

斯皆望爾、
사 개 망 이

依時食之、
의 시 식 지

시104:28

爾予之、
이 여 지

彼取之、
피 취 지

爾旣張手、
이 기 장 수

彼飫嘉物兮、
피 어 가 물 혜

시104:29

爾旣掩面、
이 기 엄 면

彼則驚惶、
피 칙 경 황

爾斷其氣、
이 단 기 기

彼即死亡、
피 즉 사 망

歸於塵土兮、
귀 어 진 토 혜

시104:30

爾遣爾神、
이 견 이 신

彼乃受造、
피 내 수 조

爾使地面更新兮、
이 사 지 면 경 신 혜

시104:31

願耶和華之榮永存、
원 야 화 화 지 영 영 존

願耶和華悅其所造兮、
원 야 화 화 열 기 소 조 혜

시104:32

彼視地、
피 시 지

地則顫動、
지 칙 전 동

彼捫山、
피 문 산

山則發煙兮、
산 칙 발 연 혜

시104:33

我畢生謳歌耶和華、
아 필 생 구 가 야 화 화

我生存之日、
아 생 존 지 일

歌頌我祆上帝兮、
가 송 아 천 상 제 혜

시104:34

我之思念、
아 지 사 념

願彼以爲甘美、
원 피 이 위 감 미

我因耶和華而樂兮、
아 인 야 화 화 이 악 혜

시104:35

願罪人滅於地上、
원 죄 인 멸 어 지 상

願惡人歸於烏有、
원 악 인 귀 어 오 유

我心當頌美耶和華、
아 심 당 송 미 야 화 화
爾曹其讚揚耶和華
이 조 기 찬 양 야 화 화
兮、
혜

## 詩篇第百有五篇
시 편 제 백 유 오 편

시105:1
其稱謝耶和華、
기 칭 사 야 화 화
呼籲其名、
호 유 기 명
以其作爲普告萬民
이 기 작 위 보 고 만 민
兮、
혜

시105:2
謳歌之、
구 가 지
頌美之、
송 미 지
道其奇行兮、
도 기 기 행 혜

시105:3

以其聖名爲榮、
이 기 성 명 위 영

凡求耶和華者、
범 구 야 화 화 자

心宜歡悅兮、
심 의 환 열 혜

시105:4

求耶和華、
구 야 화 화

與其能力、
여 기 능 력

恆尋其面兮、
긍 심 기 면 혜

시105:56

其僕亞伯拉罕之裔、
기 복 아 백 랍 한 지 예

所選雅各子孫歟、
소 선 아 각 자 손 여

念其所行奇事異蹟、
념 기 소 행 기 사 이 적

及其口之讞兮、
급 기 구 지 얼 혜

시105:7

彼乃耶和華、
피 내 야 화 화

我之祆上帝、
아 지 천 상 제

行鞫於全地兮、
행 국 어 전 지 혜

시105:8

永念其約、
영 념 기 약

所諭之言、
소 유 지 언

千代不忘、
천 대 불 망

시105:9

卽與亞伯拉罕所立之
즉 여 아 백 랍 한 소 립 지

約、
약

對以撒所發之誓、
대 이 살 소 발 지 서

시105:10

且於雅各爲定例、
차 어 아 각 위 정 례

於以色列爲永約兮、
어 이 색 열 위 영 약 혜

시105:11

曰、
왈

我必錫爾以迦南地、
아 필 석 이 이 가 남 지

爲爾所得之業兮、
위 이 소 득 지 업 혜

시105:12

當時人寡、
당 시 인 과

其數無幾、
기 수 무 기

旅於斯土兮、
려 어 사 토 혜

시105:13

由此族遊於彼族、
유 차 족 유 어 피 족

自此國至於彼國、
자 차 국 지 어 피 국

시105:14

祆上帝不容人虐遇
천 상 제 불 용 인 학 우

之、
지

因之譴責列王兮、
인 지 견 책 열 왕 혜

시105:15

曰、
왈

我受膏者、
아 수 고 자

勿犯之、
물 범 지

我之先知、
아 지 선 지

勿傷之、
물 상 지

시105:16

令饑饉臨於斯土、
령 기 근 림 어 사 토

盡絕所恃之糧兮、
진 절 소 시 지 량 혜

시105:17

遣人爲其先導、
견 인 위 기 선 도

約瑟被鬻爲奴兮、
약 슬 피 죽 위 노 혜

시105:18

其足傷於柱、
기 족 상 어 주

其身入於鐵兮、
기 신 입 어 철 혜

시105:19

耶和華以其言試之、
야 화 화 이 기 언 시 지

迨其應驗兮、
태 기 응 험 혜

시105:20

治民之王、
치 민 지 왕

遣人釋之、
견 인 석 지

俾其自由兮、
비 기 자 유 혜

시105:21

立爲冢宰、
립 위 총 재

治其所有兮、
치 기 소 유 혜

시105:22

隨意約束羣臣、
수 의 약 속 군 신

以智訓迪耆老兮、
이 지 훈 적 기 로 혜

시105:23

以色列遂至埃及、
이 색 열 수 지 애 급
雅各旅於含地、
아 각 려 어 함 지

시105:24
祆上帝繁衍其民、
천 상 제 번 연 기 민
使强於敵兮、
사 강 어 적 혜

시105:25
然轉敵人之心、
연 전 적 인 지 심
俾憾其民、
비 감 기 민
詭待其僕兮、
궤 대 기 복 혜

시105:26
爰遣其僕摩西、
원 견 기 복 마 서
與所選之亞倫、
여 소 선 지 아 륜

시105:27
顯神蹟於敵中、
현 신 적 어 적 중

著異能於含地兮、
저 이 능 어 함 지 혜

시105:28

召彼晦冥、
소 피 회 명

使地幽暗、
사 지 유 암

未違其言兮、
미 위 기 언 혜

시105:29

變水爲血、
변 수 위 혈

殄其鱗族兮、
진 기 린 족 혜

시105:30

青蛙羣集其地、
청 와 군 집 기 지

入於王之宮室兮、
입 어 왕 지 궁 실 혜

시105:31

發言而蠅羣集、
발 언 이 승 군 집

蚋遍四境兮、
예 편 사 경 혜

시105:32

雨雹爲雨、
우 박 위 우

降火於地兮、
강 화 어 지 혜

시105:33

擊其葡萄、
격 기 포 도

與無花果、
여 무 화 과

毁傷境內林木兮、
훼 상 경 내 림 목 혜

시105:34

發言而蝗至止、
발 언 이 황 지 지

蚱蜢無數兮、
책 맹 무 수 혜

시105:35

食盡田蔬、
식 진 전 소

嚙遍土產兮、
교 편 토 산 혜

시105:36

擊其國中長子、
격 기 국 중 장 자

壯時所首生兮、
장 시 소 수 생 혜

시105:37

導民而出、
도 민 이 출

擕金與銀、
휴 금 여 은

其支派中、
기 지 파 중

無一荏弱之人兮、
무 일 임 약 지 인 혜

시105:38

埃及恐懼、
애 급 공 구

見其出而悅懌兮、
견 기 출 이 열 역 혜

시105:39

祆上帝布雲爲蓋、
천 상 제 포 운 위 개

夜燭以火兮、
야 촉 이 화 혜

시105:40

應其所求、
응 기 소 구

使鶉至止、
사 순 지 지

飽以天糧兮、
포 이 천 량 혜

시105:41

闢磐石而水湧、
벽 반 석 이 수 용

流入旱地若河兮、
류 입 한 지 약 하 혜

시105:42

蓋憶其聖言、
개 억 기 성 언

及其僕亞伯拉罕兮、
급 기 복 아 백 랍 한 혜

시105:43

導民欣然而出、
도 민 흔 연 이 출

選民謳歌而出兮、
선 민 구 가 이 출 혜

시105:44

賜以列邦之地、
사 이 열 방 지 지

異族勞而備者、
이 족 로 이 비 자

承之爲業兮、
승 지 위 업 혜

시105:45

欲彼遵其律、
욕 피 준 기 률

守其法、
수 기 법

爾其頌美耶和華兮、
이 기 송 미 야 화 화 혜

# 詩篇第百有六篇
시 편 제 백 유 육 편

시106:1

爾其頌美耶和華、
이 기 송 미 야 화 화

稱謝耶和華、
칭 사 야 화 화

以其爲善、
이 기 위 선

慈惠永存兮、
자 혜 영 존 혜

시106:2

孰克述耶和華之能
숙 극 술 야 화 화 지 능

事、
사

播其聲譽乎、
파 기 성 예 호

시106:3

凡秉公正、
범 병 공 정

與常行公義者、
여 상 행 공 의 자

其有福兮、
기 유 복 혜

시106:4

耶和華歟、
야 화 화 여

以爾待民之恩惠念
이 이 대 민 지 은 혜 념

我、
아

以爾拯救顧我兮、
이 이 증 구 고 아 혜

시106:5

俾我見爾選民之昌、
비 아 견 이 선 민 지 창

致樂爾民之樂、
치 악 이 민 지 악

與爾業共其榮兮、 ○
여 이 업 공 기 영 혜

시106:6

我與列祖同干罪戾、
아 여 열 조 동 간 죄 려

行邪作惡兮、
행 사 작 악 혜

시106:7

我列祖在埃及、
아 열 조 재 애 급

不明爾異蹟、
불 명 이 이 석

不憶爾厚惠、
불 억 이 후 혜

乃於紅海悖逆兮、
내 어 홍 해 패 역 혜

시106:8

然彼緣其名而救之、
연 피 연 기 명 이 구 지

彰厥大能兮、
창 궐 대 능 혜

시106:9

爰叱紅海、
원 질 홍 해

其海乃涸、
기 해 내 학

導之涉深、
도 지 섭 심

如履原野兮、
여 리 원 야 혜

시106:10

援之於憾者之手、
원 지 어 감 자 지 수

贖之於敵人之手兮、
속 지 어 적 인 지 수 혜

시106:11

水淹其敵、
수 엄 기 적

靡有孑遺兮、
미 유 혈 유 혜

시106:12

民信其言、
민 신 기 언

而歌頌之兮、
이 가 송 지 혜

시106:13

遽爾忘其作爲、
거 이 망 기 작 위

不俟其旨兮、
불 사 기 지 혜

시106:14

在曠野縱其欲、
재 광 야 종 기 욕

在荒原試祆上帝兮、
재 황 원 시 천 상 제 혜

시106:15

遂以所求賜之、
수 이 소 구 사 지

惟使其神衰弱兮、
유 사 기 신 쇠 약 혜

시106:16

民在營中、
민 재 영 중

媢嫉摩西、
모 질 마 서

及耶和華之聖者亞倫
급 야 화 화 지 성 자 아 륜

兮、
혜

시106:17

地則坼裂、
시 칙 탁 렬

呑大坍、
탄 대 담

掩亞比蘭黨兮、
엄 아 비 란 당 혜

시106:18

火爇其黨、
화설기당

焰焚惡人兮、
염분악인혜

시106:19

民在何烈製犢、
민재하렬제독

崇拜鑄像兮、
숭배주상혜

시106:20

如是以彼之榮、
여시이피지영

易爲噛磐芻之牛像兮、
역위교반추지우상혜

시106:21

忘其救者袄上帝、
망기구자천상제

行大事於埃及、
행대사어애급

시106:22

施異蹟於含地、
시이적어함지

行可畏之事於紅海
행 가 외 지 사 어 홍 해

兮、
혜

시106:23

是以祆上帝有言、
시 이 천 상 제 유 언

必翦滅之、
필 전 멸 지

惟所選之摩西、
유 소 선 지 마 서

當其衝、
당 기 충

立其前、
립 기 전

挽回其怒、
만 회 기 노

免行翦滅兮、
면 행 전 멸 혜

시106:24

民亦蔑視美地、
민 역 멸 시 미 지

不信其言、
불 신 기 언

시106:25

在幕中出怨言、
재 막 중 출 원 언

弗聽耶和華命兮、
불 청 야 화 화 명 혜

시106:26

彼遂舉手而誓曰、
피 수 거 수 이 서 왈

必仆之於野、
필 부 지 어 야

시106:27

踣其裔於列國、
북 기 예 어 열 국

散之於各地兮、
산 지 어 각 지 혜

시106:28

民亦契於巴力毘珥、
민 역 계 어 파 력 비 이

食祭死物之品兮、
식 제 사 물 지 품 혜

시106:29

如是而行、
여 시 이 행

致激厥怒、
치 격 궐 노

疫癘流行其中兮、
역 려 류 행 기 중 혜

시106:30

時非尼哈起而行罰、
시 비 니 합 기 이 행 벌

瘟災以息兮、
온 재 이 식 혜

시106:31

此爲其義、
차 위 기 의

歷世靡暨兮、
력 세 미 기 혜

시106:32

民在米利巴水、
민 재 미 리 파 수

復干厥怒、
복 간 궐 노

累及摩西兮、
루 급 마 시 혜

시106:33

因民悖逆其神、
인 민 패 역 기 신

彼則口出躁言兮、
피 칙 구 출 조 언 혜

시106:34

民亦不遵耶和華命、
민 역 불 준 야 화 화 명

滅絕異邦、
멸 절 이 방

시106:35

乃與諸族雜處、
내 여 제 족 잡 처

習其行爲兮、
습 기 행 위 혜

시106:36

事其偶像、
사 기 우 상

爲己網羅兮、
위 기 망 라 혜

시106:37

獻其子女、
헌 기 자 녀

以祭鬼神兮、
이 제 귀 신 혜

시106:38

流無辜之血、
류 무 고 지 혈

卽其子女之血、
즉 기 자 녀 지 혈

以祭迦南偶像、
이 제 가 남 우 상

其地爲血所汚兮、
기 지 위 혈 소 오 혜

시106:39

緣其所行自汚、
연 기 소 행 자 오

所爲狥欲兮、
소 위 순 욕 혜

시106:40

於是耶和華忿怒其民、
어 시 야 화 화 분 노 기 민

厭惡己業兮、
염 악 기 업 혜

시106:41

付於異邦之手、
부 어 이 방 지 수

憾之者制之兮、
감 지 자 제 지 혜

시106:42

厥敵虐之、
궐 적 학 지

俾服其手下兮、
비 복 기 수 하 혜

시106:43

祆上帝屢援之、
천 상 제 루 원 지

惟彼謀逆、
유 피 모 역

因其罪戾、
인 기 죄 려

至於卑微兮、
지 어 비 미 혜

시106:44

然猶聽其呼籲、
연 유 청 기 호 유

恤其患難兮、
휼 기 환 난 혜

시106:45

爲之記憶其約、
위 지 기 억 기 약

依其厚惠、
의 기 후 혜

而回厥意兮、
이 회 궐 의 혜

시106:46

使於虜之者、
사 어 로 지 자

得蒙矜恤兮、○
득 몽 긍 휼 혜

시106:47

耶和華我祆上帝歟、
야 화 화 아 천 상 제 여

尙其救我、
상 기 구 아

自列邦集我、
자 열 방 집 아

俾稱揚爾聖名、
비 칭 양 이 성 명

誇耀爾聲譽兮、
과 요 이 성 예 혜

시106:48

以色列之祆上帝耶和
이 색 열 지 천 상 제 야 화

華、
화

當頌美之、
당 송 미 지

自亙古迄永久、
자 선 고 흘 영 구

衆民宜曰、
중 민 의 왈

誠所願也、
성 소 원 야

爾其頌美耶和華兮、
이 기 송 미 야 화 화 혜

第五卷(BOOK )
제 오 권

## 詩篇第百有七篇
시 편 제 백 유 칠 편

시107:1

當稱謝耶和華、
당 칭 사 야 화 화

以其爲善、
이 기 위 선

慈惠永存兮、
자 혜 영 존 혜

시107:2

耶和華所贖之民、
야 화 화 소 속 지 민

贖自敵手者、
속 자 적 수 자

當言此兮、
당 언 차 혜

시107:3

自列邦集之、
자 열 방 집 지

自東自西、
자 동 자 서

自南自北兮、 ○
자 남 자 북 혜

시107:4

彼流離於曠野、
피 류 리 어 광 야

在荒原之途、
재 황 원 지 도

未見可居之邑兮、
미 견 가 거 지 읍 혜

시107:5

載饑載渴、
재 기 재 갈

其心昏憒兮、
기 심 혼 궤 혜

시107:6

患難之時、
환 난 지 시

呼籲耶和華、
호 유 야 화 화

遂援之於困苦兮、
수 원 지 어 곤 고 혜

시107:7

導之行於直道、
도 지 행 어 직 도

使往可居之邑兮、
사 왕 가 거 지 읍 혜

시107:8

願人稱謝耶和華、
원 인 칭 사 야 화 화

因其有慈惠、
인 기 유 자 혜

及爲世人行奇事兮、
급 위 세 인 행 기 사 혜

시107:9

仰慕之心、
앙 모 지 심

使之饜足、
사 지 염 족

飢餒之心、
기 뇌 지 심

飫以嘉物兮、○
어 이 가 물 혜

시107:10

居幽暗死蔭者、
거 유 암 사 음 자

拘以困苦、
구 이 곤 고

縶以鐵索兮、
집 이 철 색 혜

시107:11

因其違祆上帝之言、
인 기 위 천 상 제 지 언

蔑至上者之旨兮、
멸 지 상 자 지 지 혜

시107:12

故以勞苦抑其心、
고 이 로 고 억 기 심

彼乃顚躓、
피 내 전 지

輔助無人兮、
보 조 무 인 혜

시107:13

患難之時、
환 난 지 시

呼籲耶和華、
호 유 야 화 화

遂援之於困苦兮、
수 원 지 어 곤 고 혜

시107:14

導出幽暗死蔭、
도출유암사음
斷其縶維兮、
단기집유혜

시107:15
願人稱謝耶和華、
원인칭사야화화
因其有慈惠、
인기유자혜
及爲世人行奇事兮、
급위세인행기사혜

시107:16
毁其銅門、
훼기동문
斷其鐵楗兮、○
단기철건혜

시107:17
愚人因其愆尤罪戾、
우인인기건우죄려
罹於禍患兮、
리어화환혜

시107:18
其心厭諸食物、
기심염제식물

近於死門兮、
근 어 사 문 혜

시107:19

患難之時、
환 난 지 시

呼籲耶和華、
호 유 야 화 화

遂援之於困苦兮、
수 원 지 어 곤 고 혜

시107:20

出言醫之、
출 언 의 지

援之於死亡兮、
원 지 어 사 망 혜

시107:21

願人稱謝耶和華、
원 인 칭 사 야 화 화

因其有慈惠、
인 기 유 자 혜

及爲世人行奇事兮、
급 위 세 인 행 기 사 혜

시107:22

獻稱謝以爲祭、
헌 칭 사 이 위 제

謳歌宣其作爲兮、 ○
구 가 선 기 작 위 혜

시107:23

乘舟航海、
승 주 항 해

營業於巨浸者、
영 업 어 거 침 자

시107:24

得見耶和華之作爲、
득 견 야 화 화 지 작 위

及其奇事、
급 기 기 사

在於深淵兮、
재 어 심 연 혜

시107:25

發命令、
발 명 령

起狂風、
기 광 풍

波浪翻騰兮、
파 랑 번 등 혜

시107:26

其人上至穹蒼、
기 인 상 지 궁 창

下至深淵、
하 지 심 연

因其遭禍、
인 기 조 화

厥心消融兮、
궐 심 소 융 혜

시107:27

搖曳不定、
요 예 불 정

蹩躠有若醉人、
별 설 유 약 취 인

計窮智盡兮、
계 궁 지 진 혜

시107:28

患難之時、
환 난 지 시

呼籲耶和華、
호 유 야 화 화

遂援之於困苦兮、
수 원 지 어 곤 고 혜

시107:29

息其狂風、
식 기 광 풍

平其波浪兮、
평 기 파 랑 혜

시107:30

人因寧靖而喜、
인 인 녕 정 이 희

引至欲往之泊所兮、
인 지 욕 왕 지 박 소 혜

시107:31

願人稱謝耶和華、
원 인 칭 사 야 화 화

因其有慈惠、
인 기 유 자 혜

及爲世人行奇事兮、
급 위 세 인 행 기 사 혜

시107:32

在民衆會中尊崇之、
재 민 중 회 중 존 숭 지

在長老聚所頌美之
재 장 로 취 소 송 미 지

兮、○
혜

시107:33

彼變江河爲曠野、
피 변 강 하 위 광 야

源泉爲燥土、
원 천 위 조 토

시107:34

沃壤爲鹵地、
옥 양 위 로 지

皆因居民之罪兮、
개 인 거 민 지 죄 혜

시107:35

彼變曠野爲水澤、
피 변 광 야 위 수 택

旱地爲源泉兮、
한 지 위 원 천 혜

시107:36

使飢者處之、
사 기 자 처 지

建可居之邑兮、
건 가 거 지 읍 혜

시107:37

耕種田畝、
경 종 전 무

栽植葡萄、
재 식 포 도

獲其所產兮、
획 기 소 산 혜

시107:38

錫以福祉、
석 이 복 지

俾其繁衍、
비 기 번 연

不容牲畜鮮少兮、
불 용 생 축 선 소 혜

시107:39

厥後復遭暴虐、
궐 후 복 조 폭 학

患難憂苦、
환 난 우 고

民乃減少、
민 내 감 소

而卑抑兮、
이 비 억 혜

시107:40

彼加凌辱於君王、
피 가 능 욕 어 군 왕

使其流離於野、
사 기 류 리 어 야

無路可循兮、
무 로 가 순 혜

시107:41

惟脫貧人於患難、
유 탈 빈 인 어 환 난

置之高處、
치 지 고 처

俾有家屬成羣兮、
비 유 가 속 성 군 혜

시107:42
正人見之欣喜、
정 인 견 지 흔 희
惡者口塞兮、
악 자 구 새 혜

시107:43
智者注意斯事、
지 자 주 의 사 사
思念耶和華之慈惠
사 념 야 화 화 지 자 혜
兮、
혜

## 詩篇 第百有八篇
시 편 제 백 유 팔 편

大衛之詩○
대 위 지 시

시108:1
祆上帝歟、
천 상 제 여
我心堅定、
아 심 견 정
必以我靈
필 이 아 령

謳歌頌美兮、
구 가 송 미 혜

시108:2

琴瑟其興、
금 슬 기 흥

我企望黎明兮、
아 기 망 려 명 혜

시108:3

耶和華歟、
야 화 화 여

我必於諸民中
아 필 어 제 민 중

稱謝爾、
칭 사 이

於列邦中歌頌爾、
어 열 방 중 가 송 이

시108:4

爾之慈惠峻極於天、
이 지 자 혜 준 극 어 천

誠實及於霄漢兮、
성 실 급 어 소 한 혜

시108:5

祆上帝歟、
천 상 제 여

願爾崇高越於諸天、
원 이 숭 고 월 어 제 천

尊榮越於全地兮、
존 영 월 어 전 지 혜

시108:6

求爾俞允我、
구 이 유 윤 아

拯以右手、
증 이 우 수

俾爾所愛者得釋兮、
비 이 소 애 자 득 석 혜

시108:7

祆上帝以其聖
천 상 제 이 기 성

而言曰、
이 언 왈

我必歡欣、
아 필 환 흔

分割示劍、
분 할 시 검

勘丈疏割谷兮、
감 장 소 할 곡 혜

시108:8

基列屬我、
기 열 속 아

瑪拿西亦屬我、
마 나 서 역 속 아

以法蓮爲我首鎧、
이 법 련 위 아 수 개

猶大爲我杖兮、
유 대 위 아 장 혜

시108:9

摩押爲我浴盤、
마 압 위 아 욕 반

將於以東而投我屨、
장 어 이 동 이 투 아 구

我因非利士
아 인 비 리 사

而歡呼兮、
이 환 호 혜

시108:10

誰導我入堅城、
수 도 아 입 견 성

誰引我至以東兮、
수 인 아 지 이 동 혜

시108:11

祆上帝歟、
천 상 제 여

爾非棄我乎、
이 비 기 아 호

祆上帝歟、
천 상 제 여

爾不與我軍偕出兮、
이 불 여 아 군 해 출 혜

시108:12

求爾助我攻敵、
구 이 조 아 공 적

人之輔助、
인 지 보 조

乃徒然兮、
내 도 연 혜

시108:13

我恃祆上帝
아 시 천 상 제

毅然而行、
의 연 이 행

彼乃踐踏我敵兮、
피 내 천 답 아 적 혜

詩篇第百有九篇
시 편 제 백 유 구 편

大衛之詩使伶長歌
대 위 지 시 사 령 장 가

之○
지

시109:1

我所頌美之
아 소 송 미 지

祆上帝歟、
천 상 제 여

勿緘默兮、
물 함 묵 혜

시109:2

惡人與詭詐者、
악 인 여 궤 사 자

啓口攻我、
계 구 공 아

以欺誑之舌語我兮、
이 기 광 지 설 어 아 혜

시109:3

以憾恨之言環我、
이 감 한 지 언 환 아

無端攻我兮、
무 단 공 아 혜

시109:4

我惟祈禱是務、
아 유 기 도 시 무

彼爲我敵、
피 위 아 적

以報我愛兮、
이 보 아 애 혜

시109:5

以惡報我善、
이 악 보 아 선

以惡報我愛兮、
이 악 보 아 애 혜

시109:6

願爾委一惡人制之、
원 이 위 일 악 인 제 지

置一仇敵立其右兮、
치 일 구 적 립 기 우 혜

시109:7

彼受鞫時、
피 수 국 시

願其負罪而出、
원 기 부 죄 이 출

彼之所禱、
피 지 기 도

反爲咎戾兮、
빈 위 구 려 혜

시109:8

願其時日無幾、
원 기 시 일 무 기

其職爲他人所得兮、
기 직 위 타 인 소 득 혜

시109:9

其子爲孤、
기 자 위 고

其妻爲嫠、
기 처 위 리

시109:10

子女流離爲丐、
자 녀 류 리 위 개

覓食他方、
멱 식 타 방

遠其荒涼之家兮、
원 기 황 량 지 가 혜

시109:11

願盤剝者取其所有、
원 반 박 자 취 기 소 유

彼勤勞所得、
피 근 로 소 득

外人奪之兮、
외 인 탈 지 혜

시109:12

願無人恩待之、
원 무 인 은 대 지

無人矜恤其孤兮、
무 인 긍 휼 기 고 혜

시109:13

願其裔被絕、
원 기 예 피 절

其名塗於後世兮、
기 명 도 어 후 세 혜

시109:14

其祖之罪、
기 조 지 죄

願耶和華憶之、
원 야 화 화 억 지

其母之惡、
기 모 지 악

願不見塗兮、
원 불 견 도 혜

시109:15

願其罪惡、
원 기 죄 악

恆在耶和華前、
긍 재 야 화 화 전

致絕其誌於世兮、
지 절 기 지 어 세 혜

시109:16

因其不以施恩爲念、
인 기 불 이 시 은 위 념

乃迫窮乏與憂傷者、
내 박 궁 핍 여 우 상 자

慾致之死兮、
욕 치 지 사 혜

시109:17

惟好呪詛、
유 호 주 저

而詛臨之、
이 저 림 지

不喜祝福、
불 희 축 복

而福遠之兮、
이 복 원 지 혜

시109:18

彼以呪詛爲衣、
피 이 주 저 위 의

呪詛如水入其臟、
주 저 여 수 입 기 장

如油入其骨兮、
여 유 입 기 골 혜

시109:19

願呪詛爲其蔽體之服、
원 주 저 위 기 폐 체 지 복

常束之紳兮、
상 속 지 신 혜

시109:20

凡我仇敵、
범 아 구 적

及詆我者、
급 저 아 자

耶和華以此報之兮、
야 화 화 이 차 보 지 혜

시109:21

主耶和華歟、
주 야 화 화 여

因爾名故、
인 이 명 고

善待我、
선 대 아

緣爾慈惠之美、
연 이 자 혜 지 미

拯救我兮、
증 구 아 혜

시109:22

我乃貧乏、
아 내 빈 핍

中心傷痛兮、
중 심 상 통 혜

시109:23

我之逝也、
아 지 서 야

如日影沈西、
여 일 영 침 서

如蝗蟲飄蕩兮、
여 황 충 표 탕 혜

시109:24

我因禁食、
아 인 금 식

膝弱體瘦兮、
슬 약 체 수 혜

시109:25

爲衆凌辱、
위 중 능 욕

見我而搖首兮、
견 아 이 요 수 혜

시109:26

我祆上帝耶和華歟、
아 천 상 제 야 화 화 여

尚其助我、
상 기 조 아

依爾慈惠、
의 이 자 혜

拯救我兮、
증 구 아 혜

시109:27

使人咸知此出爾手、
사 인 함 지 차 출 이 수

乃爾耶和華所行兮、
내 이 야 화 화 소 행 혜

시109:28

任其呪詛、
임 기 주 저

惟爾祝福、
유 이 축 복

彼興起時、
피 흥 기 시

必蒙羞恥、
필 몽 수 치

爾僕欣喜兮、
이 복 흔 희 혜

시109:29

願敵被辱、
원 적 피 욕

願其抱愧、
원 기 포 괴

如衣以袍兮、
여 의 이 포 혜

시109:30

我必以口深謝耶和
아 필 이 구 심 사 야 화
華、
화
在衆中頌美之兮、
재 중 중 송 미 지 혜

시109:31
蓋彼必立貧人之右、
개 피 필 립 빈 인 지 우
救其脫於行鞫之人
구 기 탈 어 행 국 지 인
兮、
혜

## 詩篇 第百有十篇
시 편 제 백 유 십 편

大衛之詩○
대 위 지 시

시110:1
耶和華謂我主云、
야 화 화 위 아 주 운
爾坐我右、
이 좌 아 우
俟我以爾敵、
사 아 이 이 적

爲爾足几兮、
위 이 족 궤 혜

시110:2

耶和華必使爾力之
야 화 화 필 사 이 력 지

杖、
장

伸出於郇、
신 출 어 순

曰、
왈

爾其操權於敵兮、
이 기 조 권 어 적 혜

시110:3

爾行軍時、
이 행 군 시

爾民必衣聖服、
이 민 필 의 성 복

樂心自獻、
악 심 자 헌

爾之丁壯、
이 지 정 장

光耀如朝露兮、
광 요 여 조 로 혜

시110:4

耶和華既誓、
야 화 화 기 서

必不回意、
필 불 회 의

爾依麥基洗德之班、
이 의 맥 기 세 덕 지 반

永爲祭司兮、
영 위 제 사 혜

시110:5

主在爾右發怒時、
주 재 이 우 발 노 시

必擊破列王兮、
필 격 파 열 왕 혜

시110:6

行鞫於列邦、
행 국 어 열 방

使尸滿戰場、
사 시 만 전 장

擊破多國之首兮、
격 파 다 국 지 수 혜

시110:7

飮於道旁之溪、
음 어 도 방 지 계

因而昂首兮、
인 이 앙 수 혜

# 詩篇第百十一篇
시편 제 백 십 일 편

시111:1

爾其頌美耶和華、
이 기 송 미 야 화 화

我於正人之議場、
아 어 정 인 지 의 장

衆人之公會、
중 인 지 공 회

一心稱謝耶和華兮、
일 심 칭 사 야 화 화 혜

시111:2

大哉、
대 재

耶和華之作爲、
야 화 화 지 작 위

凡樂之者所究察兮、
범 악 지 자 소 구 찰 혜

시111:3

彼之經營、
피 지 경 영

乃榮與威、
내 영 여 위

其義永存兮、
기 의 영 존 혜

시111:4

所行奇異、
소 행 기 이

俾人憶之、
비 인 억 지

耶和華乃仁慈矜憫
야 화 화 내 인 자 긍 민

兮、
혜

시111:5

賜糧於畏之者、
사 량 어 외 지 자

永念其約兮、
영 념 기 약 혜

시111:6

以作爲之能力示其
이 작 위 지 능 력 시 기

民、
민

以列邦賜之爲業兮、
이 열 방 사 지 위 업 혜

시111:7

其手所爲、
기 수 소 위

誠實公義、
성 실 공 의

其律確定兮、
기 률 확 정 혜

시111:8

永久堅立、
영 구 견 립

成於誠實正直兮、
성 어 성 실 정 직 혜

시111:9

施救贖於其民、
시 구 속 어 기 민

永立厥約、
영 립 궐 약

其名聖而可畏兮、
기 명 성 이 가 외 혜

시111:10

寅畏耶和華、
인 외 야 화 화

為智慧之肇始、
위 지 혜 지 조 시

守其誡命者為明哲、
수 기 계 명 자 위 명 철

耶和華之聲譽永存
야 화 화 지 성 예 영 존

兮、
혜

# 詩篇 第百十二篇
시 편 제 백 십 이 편

시112:1
爾其頌美耶和華、
이 기 송 미 야 화 화
寅畏耶和華、
인 외 야 화 화
深悅其誡命者、
심 열 기 계 명 자
其有福兮、
기 유 복 혜

시112:2
其裔必强盛於地上、
기 예 필 강 성 어 지 상
正人之後代、
정 인 지 후 대
必蒙福兮、
필 몽 복 혜

시112:3
其家富有貨財、
기 가 부 유 화 재
其義永存兮、
기 의 영 존 혜

시112:4

正人在幽暗中、
정 인 재 유 암 중

光輝爲之顯著、
광 휘 위 지 현 저

其人慈悲、
기 인 자 비

矜憫公義兮、
긍 민 공 의 혜

시112:5

施恩而貸金者、
시 은 이 대 금 자

必獲益、
필 획 익

在受鞫時、
재 수 국 시

必得直兮、
필 득 직 혜

시112:6

永不動搖、
영 불 동 요

義人恆被記憶兮、
의 인 긍 피 기 억 혜

시112:7

噩耗不驚、
악 모 불 경

心志堅定、
심 지 견 정

惟耶和華是恃兮、
유 야 화 화 시 시 혜

시112:8

其心穩固、
기 심 온 고

無所畏葸、
무 소 외 사

迨見其敵遭報兮、
태 견 기 적 조 보 혜

시112:9

彼散財、
피 산 재

彼濟貧、
피 제 빈

其義永存、
기 의 영 존

其角以榮高舉兮、
기 각 이 영 고 거 혜

시112:10

惡者見之而恚恨、
악 자 견 지 이 에 한

切齒而消亡、
절치이소망

惡黨所欲、
악당소욕

必歸烏有兮、
필귀우유혜

## 詩篇 第百十三篇
시편 제백십삼편

시113:1
爾其頌美耶和華、
이기송미야화화

耶和華僕頌美之、
야화화복송미지

頌美耶和華名兮、
송미야화화명혜

시113:2
耶和華之名宜稱頌、
야화화지명의칭송

自今迄於永久兮、
자금흘어영구혜

시113:3
自日出之所、
자일출지소

至日入之區、
지일입지구

宜頌美耶和華名兮、
의 송 미 야 화 화 명 혜

시113:4
耶和華超乎萬民、
야 화 화 초 호 만 민
其榮高於諸天兮、
기 영 고 어 제 천 혜

시113:5
我祆上帝耶和華居位
아 천 상 제 야 화 화 거 위
崇高、
숭 고
誰似之兮、
수 사 지 혜

시113:6
乃自謙卑、
내 자 겸 비
俯察天地兮、
부 찰 천 지 혜

시113:7
舉貧窮於塵埃、
거 빈 궁 어 진 애
擢匱乏於糞壤、
탁 궤 핍 어 분 양

시113:8

列諸牧伯、
열 제 목 백

卽其民之牧伯兮、
즉 기 민 지 목 백 혜

시113:9

使不姙之婦治家、
사 불 임 지 부 치 가

爲多子之母、
위 다 자 지 모

安居歡樂、
안 거 환 악

爾其頌美耶和華兮、
이 기 송 미 야 화 화 혜

## 詩篇第百十四篇
시 편 제 백 십 사 편

시114:1

以色列出埃及、
이 색 열 출 애 급

雅各家離異言之民、
아 각 가 리 이 언 지 민

시114:2

維時、
유 시

猶大爲耶和華聖所、
유 대 위 야 화 화 성 소

以色列爲其邦畿兮、
이 색 열 위 기 방 기 혜

시114:3
海見之而逃遁、
해 견 지 이 도 둔

約但返流兮、
약 단 반 류 혜

시114:4
山嶽踴躍如牡羊、
산 악 용 약 여 모 양

岡陵踴躍如羔羊兮、
강 릉 용 약 여 고 양 혜

시114:5
海歟、
해 여

爾何爲而逃遁、
이 하 위 이 도 둔

約但歟、
약 단 여

爾何爲而返流、
이 하 위 이 반 류

시114:6
山嶽歟、
산 악 여

爾何爲踴躍如牡羊、
이 하 위 용 약 여 모 양

岡陵歟、
강 릉 여

爾何爲踴躍如羔羊、
이 하 위 용 약 여 고 양

시114:7

爾大地歟、
이 대 지 여

其顚動於主前、
기 전 동 어 주 전

雅各之祆上帝前兮、
아 각 지 천 상 제 전 혜

시114:8

彼變磐石爲池沼、
피 변 반 석 위 지 소

堅石爲源泉兮、
견 석 위 원 천 혜

## 詩篇第百十五篇
시 편 제 백 십 오 편

시115:1

耶和華歟、
야 화 화 여

因爾慈惠誠實、
인 이 자 혜 성 실

榮不歸我、
영불귀아

不歸於我、
불귀어아

乃歸爾名兮、
내귀이명혜

시115:2

列邦奚曰、
열방해왈

彼之祆上帝安在兮、
피지천상제안재혜

시115:3

我之祆上帝在天、
아지천상제재천

隨其所欲而行兮、
수기소욕이행혜

시115:4

異邦偶像、
이방우상

乃銀乃金、
내은내금

人手所造、
인수소조

시115:5

有口不言、
유 구 불 언

有目不見、
유 목 불 견

시115:6

有耳不聞、
유 이 불 문

有鼻不嗅、
유 비 불 후

시115:7

有手不捫、
유 수 불 설

有足不行、
유 족 불 행

喉不出言兮、
후 불 출 언 혜

시115:8

造之者、
조 지 자

賴之者、
뢰 지 자

必似之兮、
필 사 지 혜

시115:9

以色列歟、
이 색 열 여

爾其恃耶和華、
이 기 시 야 화 화

彼爲其助其盾兮、
피 위 기 조 기 순 혜

시115:10

亞倫家歟、
아 륜 가 여

爾其恃耶和華、
이 기 시 야 화 화

彼爲其助其盾兮、
피 위 기 조 기 순 혜

시115:11

寅畏耶和華者歟、
인 외 야 화 화 자 여

爾其恃耶和華、
이 기 시 야 화 화

彼爲其助其盾兮、
피 위 기 조 기 순 혜

시115:12

耶和華垂念我、
야 화 화 수 념 아

必錫以嘏、
필 석 이 하

錫嘏於以色列家、
석 하 어 이 색 열 가

錫嘏於亞倫家兮、
석 하 어 아 륜 가 혜

시115:13

錫嘏於寅畏耶和華者、
석 하 어 인 외 야 화 화 자

無論大小兮、
무 론 대 소 혜

시115:14

願耶和華使爾日益繁衍、
원 야 화 화 사 이 일 익 번 연

爰及子孫兮、
원 급 자 손 혜

시115:15

造天地之耶和華、
조 천 시 시 야 화 화

錫嘏於爾兮、
석 하 어 이 혜

시115:16

諸天爲耶和華所有、
제 천 위 야 화 화 소 유

地則賜予世人兮、
지 칙 사 여 세 인 혜

시115:17

死人及下入幽寂者、
사 인 급 하 입 유 적 자

不頌美耶和華兮、
불 송 미 야 화 화 혜

시115:18

惟我必稱頌耶和華、
유 아 필 칭 송 야 화 화

自今迄於永久、
자 금 흘 어 영 구

爾其頌美耶和華兮、
이 기 송 미 야 화 화 혜

## 詩篇 第百十六篇
시 편 제 백 십 륙 편

시116:1

我愛耶和華、
아 애 야 화 화

以其聽我聲、
이 기 청 아 성

聞我懇求兮、
문 아 간 구 혜

시116:2

彼旣向我側耳、
피 기 향 아 측 이

我畢生呼籲之兮、
아 필 생 호 유 지 혜

시116:3

死亡之繩索繞我、
사 망 지 승 색 요 아

陰府之痛苦迫我、
음 부 지 통 고 박 아

我遭難遇苦兮、
아 조 난 우 고 혜

시116:4

我則呼籲耶和華名
아 칙 호 유 야 화 화 명

曰、
왈

耶和華歟、
야 화 화 여

求爾救援我魂兮、
구 이 구 원 아 혼 혜

시116:5

耶和華仁且義、
야 화 화 인 차 의

我祆上帝矜憫爲懷兮、
아 천 상 제 긍 민 위 회 혜

시116:6

庸庸者流、
용 용 자 류

耶和華佑之、
야 화 화 우 지

我乃卑微、
아 내 비 미

彼拯我兮、
피 증 아 혜

시116:7

我心歟、
아 심 여

爾其復安、
이 기 복 안

耶和華厚待爾兮、
야 화 화 후 대 이 혜

시116:8

爾救我命、
이 구 아 명

免於死亡、
면 어 사 망

目不流涕、
목 불 류 제

足不顚蹪兮、
족 불 전 지 혜

시116:9

我在生人之地、
아 재 생 인 지 지

必行於耶和華前兮、
필 행 어 야 화 화 전 혜

시116:10

我因信而言此、
아 인 신 이 언 차

我遭大難兮、
아 조 대 난 혜

시116:11

我驚惶時、
아 경 황 시

則曰人盡妄誕兮、
칙 왈 인 진 망 탄 혜

시116:12

耶和華錫我諸恩、
야 화 화 석 아 제 은

何以報之兮、
하 이 보 지 혜

시116:13

必擧拯救之杯、
필 거 증 구 지 배

稱揚耶和華名兮、
칭 양 야 화 화 명 혜

시116:14

償我願於耶和華、
상 아 원 어 야 화 화

在衆民前兮、
재 중 민 전 혜

시116:15

聖民之亡、
성 민 지 망

乃耶和華所珍視兮、
내 야 화 화 소 진 시 혜

시116:16

耶和華歟、
야 화 화 여

我誠爲爾僕、
아 성 위 이 복

我爲爾僕、
아 위 이 복

爾婢之子、
이 비 지 자

爾已釋我縛兮、
이 이 석 아 박 혜

시116:17

必以稱謝爲祭獻爾、
필 이 칭 사 위 제 헌 이

稱揚耶和華名兮、
칭 양 야 화 화 명 혜

시116:18

19 償我願於耶和華在
상 아 원 어 야 화 화 재

衆民前、
중 민 전

在耶和華室院、
재 야 화 화 실 원

在耶路撒冷邑中兮、
재 야 로 살 랭 읍 중 혜

爾其頌美耶和華兮、
이 기 송 미 야 화 화 혜

詩篇第百十七篇
시 편 제 백 십 칠 편

시117:1

爾諸國歟、
이 제 국 여

其頌美耶和華、
기 송 미 야 화 화

爾諸民歟、
이 제 민 여

其稱揚之、
기 칭 양 지

시117:2

蓋施我之慈惠廣大、
개 시 아 지 자 혜 광 대

耶和華之誠實永存、
야 화 화 지 성 실 영 존

爾其頌美耶和華兮、
이 기 송 미 야 화 화 혜

## 詩篇第百十八篇
시 편 제 백 십 팔 편

시118:1

爾其稱謝耶和華、
이 기 칭 사 야 화 화

以其爲善、
이 기 위 선

慈惠永存兮、
자 혜 영 존 혜

시118:2

願以色列曰、
원 이 색 열 왈

其慈惠永存、
기 자 혜 영 존

시118:3

亞倫家曰、
아 륜 가 왈

其慈惠永存、
기 자 혜 영 존

시118:4

寅畏耶和華者曰、
인 외 야 화 화 자 왈

其慈惠永存兮、
기 자 혜 영 존 혜

시118:5

我在難中、
아 재 난 중

呼籲耶和華、
호 유 야 화 화

耶和華俞允我、
야 화 화 유 윤 아

導入寬廣之區兮、
도 입 관 광 지 구 혜

시118:6

耶和華偕我、
야 화 화 해 아

我無所懼、
아 무 소 구

人其奈我何兮、
인 기 내 아 하 혜

시118:7

耶和華偕我、
야 화 화 해 아

在助我者之中、
재 조 아 자 지 중

憾我者遭報、
감 아 자 조 보

我必目覩兮、
아 필 목 도 혜

시118:8

託庇於耶和華、
탁 비 어 야 화 화

愈於恃世人、
유 어 시 세 인

시118:9

託庇於耶和華、
탁 비 어 야 화 화

愈於恃牧伯兮、
유 어 시 목 백 혜

시118:10

萬民環我、
만 민 환 아

我賴耶和華名、
아 뢰 야 화 화 명

必殄滅之、
필 진 멸 지

시118:11

彼衆環我困我、
피 중 환 아 곤 아

我賴耶和華名、
아 뢰 야 화 화 명

必殄滅之兮、
필 진 멸 지 혜

시118:12

環我如蜂、
환 아 여 봉

其熄也、
기 식 야

如荊棘之火、
여 형 극 지 화

我賴耶和華名、
아 뢰 야 화 화 명

必殄滅之兮、
필 진 멸 지 혜

시118:13

敵力搠我、
적 력 삭 아

欲顚仆我、
욕 전 부 아

惟耶和華助我兮、
유 야 화 화 조 아 혜

시118:14
耶和華爲我力我歌、
야 화 화 위 아 력 아 가
成爲我之拯救兮、
성 위 아 지 증 구 혜

시118:15
義人幕中、
의 인 막 중
有歡呼拯救之聲、
유 환 호 증 구 지 성
耶和華之右手、
야 화 화 지 우 수
奮然有爲兮、
분 연 유 위 혜

시118:16
耶和華之右手高擧、
야 화 화 지 우 수 고 거
耶和華之右手、
야 화 화 지 우 수
奮然有爲兮、
분 연 유 위 혜

시118:17

我必不死、
아 필 불 사

仍得生存、
잉 득 생 존

宣揚耶和華之作爲
선 양 야 화 화 지 작 위

兮、
혜

시118:18

耶和華懲我以嚴、
야 화 화 징 아 이 엄

惟未致我於死兮、
유 미 치 아 어 사 혜

시118:19

其爲我闢義門、
기 위 아 벽 의 문

我將入而稱謝耶和華
이 장 입 이 칭 사 야 화 화

兮、
혜

시118:20

是乃耶和華之門、
시 내 야 화 화 지 문

義人將入之兮、
의 인 장 입 지 혜

시118:21

我必稱謝爾、
아 필 칭 사 이

因爾兪允我、
인 이 유 윤 아

成爲我之拯救兮、
성 위 아 지 증 구 혜

시118:22

工師所棄之石、
공 사 소 기 지 석

成爲屋隅首石、
성 위 옥 우 수 석

시118:23

此耶和華所爲、
차 야 화 화 소 위

我目奇之兮、
아 목 기 지 혜

시118:24

斯乃耶和華所定之
사 내 야 화 화 소 정 지

日、
일

我必歡欣喜樂兮、
아 필 환 흔 희 악 혜

시118:25

耶和華歟、
야 화 화 여

求爾今施拯救、
구 이 금 시 증 구

耶和華歟、
야 화 화 여

求爾使我亨通兮、
구 이 사 아 형 통 혜

시118:26

奉耶和華名而來者、
봉 야 화 화 명 이 래 자

宜頌美之、
의 송 미 지

我在耶和華室中、
아 재 야 화 화 실 중

爲爾祝嘏兮、
위 이 축 하 혜

시118:27

耶和華爲袄上帝、
야 화 화 위 천 상 제

錫我輝光、
석 아 휘 광

當以繩繫犧牲、
당 이 승 계 희 생

至於壇角兮、
지 어 단 각 혜

시118:28

爾爲我祆上帝、
이 위 아 천 상 제

我必稱謝爾、
아 필 칭 사 이

爾爲我祆上帝、
이 위 아 천 상 제

我必尊崇爾兮、
아 필 존 숭 이 혜

시118:29

爾其稱謝耶和華、
이 기 칭 사 야 화 화

以其爲善、
이 기 위 선

慈惠永存兮、
자 혜 영 존 혜

## 詩篇第百十九篇
시 편 제 백 십 구 편

시119:1

行爲完備、
행 위 완 비

循耶和華之律者、
순 야 화 화 지 률 자

其有福兮、
기 유 복 혜

시119:2

守其法度、
수 기 법 도

一心求之者、
일 심 구 지 자

其有福兮、
기 유 복 혜

시119:3

不行非義、
불 행 비 의

遵行其道兮、
준 행 기 도 혜

시119:4

爾以訓詞諭我、
이 이 훈 사 유 아

俾我謹守兮、
비 아 근 수 혜

시119:5

願我趨向堅定、
원 아 추 향 견 정

守爾典章兮、
수 이 전 장 혜

시119:6

我重爾諸誡、
아중이제계

必不羞愧兮、
필불수괴혜

시119:7

學爾義鞫、
학이의국

必以正心稱謝爾兮、
필이정심칭사이혜

시119:8

我將守爾典章、
아장수이전장

勿我永棄兮、○
물아영기혜

시119:9

少者何以潔其品行、
소자하이결기품행

惟依爾言自愼兮、
유의이언자신혜

시119:10

我一心求爾、
아일심구이

勿容我違爾誡命兮、
물용아위이계명혜

시119:11

我以爾言藏於心、
아 이 이 언 장 어 심

免獲罪於爾兮、
면 획 죄 어 이 혜

시119:12

耶和華歟、
야 화 화 여

爾宜頌美、
이 의 송 미

以爾典章訓我兮、
이 이 전 장 훈 아 혜

시119:13

爾口所諭之律例、
이 구 소 유 지 률 례

我口述之兮、
아 구 술 지 혜

시119:14

我悅爾法之道、
아 열 이 법 지 도

如悅多財兮、
여 열 다 재 혜

시119:15

我必默思爾訓詞、
아 필 묵 사 이 훈 사

重視爾道途兮、
중 시 이 도 도 혜

시119:16

以爾典章爲樂、
이 이 전 장 위 악

不忘爾言兮、○
불 망 이 언 혜

시119:17

尙其厚待爾僕、
상 기 후 대 이 복

使我生存、
사 아 생 존

我乃遵守爾言兮、
아 내 준 수 이 언 혜

시119:18

啓我之目、
계 아 지 목

俾見爾律之妙兮、
비 견 이 률 지 묘 혜

시119:19

我在世爲羈旅、
아 재 세 위 기 려

爾之誡命、
이 지 계 명

勿隱於我兮、
물 은 어 아 혜

시119:20

我恆慕爾律例、
아 긍 모 이 률 례

至於心碎兮、
지 어 심 쇄 혜

시119:21

驕泰者、
교 태 자

爾譴責之、
이 견 책 지

彼違爾誡命、
피 위 이 계 명

乃可詛兮、
내 가 저 혜

시119:22

我守爾法度、
아 수 이 법 도

尙其去我毁辱兮、
상 기 거 아 훼 욕 혜

시119:23

牧伯坐而訕我、
목 백 좌 이 산 아

爾僕思爾典章兮、
이 복 사 이 전 장 혜

시119:24

爾之法度、
이 지 법 도

爲我所悅、
위 아 소 열

乃我謀士兮、 ○
내 아 모 사 혜

시119:25

我魂附近塵土、
아 혼 부 근 진 토

其依爾言甦我兮、
기 의 이 언 소 아 혜

시119:26

我陳我行、
아 진 아 행

蒙爾俞允、
몽 이 유 윤

其誨我以爾典章兮、
기 회 아 이 이 전 장 혜

시119:27

使我明悉爾訓之道、
사 아 명 실 이 훈 지 도

我則思爾奇妙兮、
아 칙 사 이 기 묘 혜

시119:28

我心因困苦而消融、
아 심 인 곤 고 이 소 융

其依爾言固我兮、
기 의 이 언 고 아 혜

시119:29

使我遠於詭道、
사 아 원 어 궤 도

施恩錫以爾律兮、
시 은 석 이 이 률 혜

시119:30

我擇忠信之道、
아 택 충 신 지 도

陳爾律例於前兮、
진 이 률 례 어 전 혜

시119:31

耶和華歟、
야 화 화 여

我體爾法度、
아 체 이 법 도

勿使我愧恥兮、
물 사 아 괴 치 혜

시119:32

爾拓我心、
이 척 아 심

我則趨爾誡之道兮、
아 칙 추 이 계 지 도 혜

○

시119:33

耶和華歟、
야 화 화 여

示我以爾典章之道、
시 아 이 이 전 장 지 도

我必終守之兮、
아 필 종 수 지 혜

시119:34

畀我明哲、
비 아 명 철

我則守爾律、
아 칙 수 이 률

一心遵之兮、
일 심 준 지 혜

시119:35

使行爾誡之道、
사 행 이 계 지 도

因我樂此兮、
인 아 악 차 혜

시119:36

其轉我心、
기 전 아 심

向爾法度、
향 이 법 도

不向非義之財兮、
불 향 비 의 지 재 혜

시119:37

其轉我目、
기 전 아 목

不視虛妄、
불 시 허 망

甦我於爾道兮、
소 아 어 이 도 혜

시119:38

所許寅畏爾者之言、
소 허 인 외 이 자 지 언

祈堅定於爾僕兮、
기 견 정 어 이 복 혜

시119:39

去我所懼之恥辱、
거 아 소 구 지 치 욕

爾之律例維善兮、
이 지 률 례 유 선 혜

시119:40

我慕爾訓詞、
아 모 이 훈 사

甦我於爾義兮、○
소 아 어 이 의 혜

시119:41

耶和華歟、
야 화 화 여

爾之慈惠、
이 지 자 혜

爾之拯救、
이 지 증 구

依爾言加諸我兮、
의 이 언 가 제 아 혜

시119:42

我則有詞答辱我者、
아 칙 유 사 답 욕 아 자

蓋我恃爾言兮、
개 아 시 이 언 혜

시119:43

我仰爾律例、
아 앙 이 률 례

勿自我口、
물 자 아 구

盡奪眞埋之言兮、
진 탈 진 매 지 언 혜

시119:44

我 則 遵 守 爾 律、
아 칙 준 수 이 률

永 世 弗 替 兮、
영 세 불 체 혜

시119:45

行 於 寬 廣 之 區、
행 어 관 광 지 구

因 我 究 爾 訓 詞 兮、
인 아 구 이 훈 사 혜

시119:46

在 列 王 前、
재 열 왕 전

言 爾 法 度、
언 이 법 도

不 至 蒙 羞 兮、
불 지 몽 수 혜

시119:47

我 必 樂 爾 誡 命、
아 필 악 이 계 명

素 爲 我 所 愛 兮、
소 위 아 소 애 혜

시119:48

我 擧 手 於 爾 誡 命、
아 거 수 어 이 계 명

素爲我所愛、
소 위 아 소 애

思維爾典章兮、○
사 유 이 전 장 혜

시119:49
其念所諭爾僕之言、
기 념 소 유 이 복 지 언

俾我有望兮、
비 아 유 망 혜

시119:50
爾言甦我、
이 언 소 아

我在難中、
아 재 난 중

因此得慰兮、
인 차 득 위 혜

시119:51
驕者譏我維甚、
교 자 기 아 유 심

我猶未離爾律兮、
아 유 미 리 이 률 혜

시119:52
耶和華歟、
야 화 화 여

爾古昔之律例、
이 고 석 지 률 례

我記憶之、
아 기 억 지

而自慰兮、
이 자 위 혜

시119:53

因惡人違爾律、
인 악 인 위 이 률

我則發怒甚烈兮、
아 칙 발 노 심 렬 혜

시119:54

我寓旅舍、
아 우 려 사

以爾典章、
이 이 전 장

爲我詩歌兮、
위 아 시 가 혜

시119:55

耶和華歟、
야 화 화 여

我於夜間憶爾名、
아 어 야 간 억 이 명

守爾律兮、
수 이 률 혜

시119:56

我之得此、
아 지 득 차

因守爾訓詞兮、○
인 수 이 훈 사 혜

시119:57

耶和華爲我業、
야 화 화 위 아 업

我曰必守爾言兮、
아 왈 필 수 이 언 혜

시119:58

我一心求爾恩、
아 일 심 구 이 은

其依爾言憫我兮、
기 의 이 언 민 아 혜

시119:59

我思所行之道、
아 사 소 행 지 도

移足於爾法度兮、
이 족 어 이 법 도 혜

시119:60

守爾誡命、
수 이 계 명

速而弗緩兮、
속 이 불 완 혜

시119:61

惡人之索繞我、
악 인 지 색 요 아

惟我未忘爾律兮、
유 아 미 망 이 률 혜

시119:62

緣爾公義之律例、
연 이 공 의 지 률 례

我必中夜而起、
아 필 중 야 이 기

稱謝爾兮、
칭 사 이 혜

시119:63

守爾訓詞、
수 이 훈 사

寅畏爾者、
인 외 이 자

我與之爲侶兮、
아 여 지 위 려 혜

시119:64

耶和華歟、
야 화 화 여

爾之慈惠、
이 지 자 혜

遍於大地、
편 어 대 지

以爾典章訓我兮、
이 이 전 장 훈 아 혜

시119:65

耶和華歟、
야 화 화 여

爾素善待爾僕、
이 소 선 대 이 복

如爾所言、
여 이 소 언

시119:66

其以明哲知識訓我、
기 이 명 철 지 식 훈 아

因我信爾誡命兮、
인 아 신 이 계 명 혜

시119:67

我未受苦之先、
아 미 수 고 지 선

曾入歧路、
증 입 기 로

今守爾言兮、
금 수 이 언 혜

시119:68

爾乃善、
이 내 선

所行亦善、
소 행 역 선

以爾典章訓我兮、
이 이 전 장 훈 아 혜

시119:68

驕者造誑言以攻我、
교 자 조 광 언 이 공 아

而我一心守爾訓詞
이 아 일 심 수 이 훈 사

兮、
혜

시119:70

彼心鈍如蒙脂、
피 심 둔 여 몽 지

惟我悅爾律兮、
유 아 열 이 률 혜

시119:71

我之受難、
아 지 수 난

乃爲我益、
내 위 아 익

使我學爾典章兮、
사 아 학 이 전 장 혜

시119:72

爾口所諭之律、
이 구 소 유 지 률

在我愈於金銀千萬
재 아 유 어 금 은 천 만

兮、○
혜

시119:73

爾手締造我、
이 수 제 조 아

建立我、
건 립 아

其以明哲賜我、
기 이 명 철 사 아

俾我學爾誡命兮、
비 아 학 이 계 명 혜

시119:74

寅畏爾者、
인 외 이 자

見我而喜、
견 아 이 희

以我仰望爾言兮、
이 아 앙 망 이 언 혜

시119:75

耶和華歟、
야 화 화 여

我知爾讞乃義、
아 지 이 얼 내 의

爾之苦我、
이 지 고 아

由於信實兮、
유 어 신 실 혜

시119:76

求爾以爾慈惠慰我、
구 이 이 이 자 혜 위 아

依諭爾僕之言兮、
의 유 이 복 지 언 혜

시119:77

願爾恩寵臨我、
원 이 은 총 림 아

俾我生存、
비 아 생 존

爾律爲我所悅兮、
이 률 위 아 소 열 혜

시119:78

願驕人蒙羞、
원 교 인 몽 수

以其無端傾我、
이 기 무 단 경 아

惟我思爾訓詞兮、
유 아 사 이 훈 사 혜

시119:79
願寅畏爾者歸我、
원 인 외 이 자 귀 아
彼則知爾法度兮、
피 칙 지 이 법 도 혜

시119:80
願我盡心於爾典章、
원 아 진 심 어 이 전 장
使我不至愧怍兮、○
사 아 불 지 괴 작 혜

시119:81
我心望爾拯救、
아 심 망 이 증 구
而致疲憊、
이 치 피 비
我仍仰望爾言兮、
아 잉 앙 망 이 언 혜

시119:82
因望爾言、
인 망 이 언
我目昏眊、
아 목 혼 모

乃曰、
내 왈

爾何時慰我兮、
이 하 시 위 아 혜

시119:83

我如煙中之革囊、
아 여 연 중 지 혁 낭

我則不忘兮、
아 칙 불 망 혜

시119:84

爾僕之日幾何、
이 복 지 일 기 하

迫我之人、
박 아 지 인

爾何時鞫之兮、
이 하 시 국 지 혜

시119:85

驕者不從爾律、
교 자 불 종 이 률

爲我掘阱兮、
위 아 굴 성 혜

시119:86

爾之誡命、
이 지 계 명

咸屬眞實、
함 속 진 실

彼無端迫我、
피 무 단 박 아

尚其助我兮、
상 기 조 아 혜

시119:87

彼幾滅我於世、
피 기 멸 아 어 세

而我未違爾訓詞兮、
이 아 미 위 이 훈 사 혜

시119:88

依爾慈惠甦我、
의 이 자 혜 소 아

我則守爾口諭之法度
아 칙 수 이 구 유 지 법 도

兮、○
혜

시119:89

耶和華歟、
야 화 화 여

爾言堅立於天、
이 언 견 립 어 천

永世弗替兮、
영 세 불 체 혜

시119:90

爾之信實、
이 지 신 실

歷世不易、
력 세 불 역

爾奠大地、
이 전 대 지

地乃恆存兮、
지 내 긍 존 혜

시119:91

依爾律例、
의 이 률 례

迄今猶存、
흘 금 유 존

萬物咸爲爾僕兮、
만 물 함 위 이 복 혜

시119:92

我若不悅爾律、
아 약 불 열 이 률

必早亡於患難兮、
필 조 망 어 환 난 혜

시119:93

爾以訓詞甦我、
이 이 훈 사 소 아

故我永不忘之兮、
고 아 영 불 망 지 혜

시119:94

我屬乎爾、
아 속 호 이

尙其拯予、
상 기 증 여

我素究爾訓詞兮、
아 소 구 이 훈 사 혜

시119:95

惡人窺伺、
악 인 규 사

欲滅絶我、
욕 멸 절 아

惟我思爾法度兮、
유 아 사 이 법 도 혜

시119:96

我觀萬事、
아 관 만 사

皆有其限、
개 유 기 한

惟爾誡命甚廣兮、○
유 이 계 명 심 광 혜

시119:97

我愛爾律何其切、
아 애 이 률 하 기 절
竟日思之兮、
경 일 사 지 혜

시119:98
爾之誡命、
이 지 계 명
長久偕我、
장 구 해 아
使我智於敵兮、
사 아 지 어 적 혜

시119:99
我之明哲、
아 지 명 철
越於諸師、
월 어 제 사
以我思爾法度兮、
이 아 사 이 법 도 혜

시119:100
我所通達、
아 소 통 달
越於耆老、
월 어 기 로
以我守爾訓詞兮、
이 아 수 이 훈 사 혜

시119:101

我禁我足、
아 금 아 족

遠諸邪途、
원 제 사 도

以守爾言兮、
이 수 이 언 혜

시119:102

我蒙爾訓、
아 몽 이 훈

未違爾律例兮、
미 위 이 률 례 혜

시119:103

爾言之味何其甘、
이 언 지 미 하 기 감

入於我口、
입 어 아 구

較勝於蜜兮、
교 승 어 밀 혜

시119:104

我藉爾訓詞、
아 자 이 훈 사

而得明哲、
이 득 명 철

惡諸邪途兮、 ○
악 제 사 도 혜

시119:105

爾言爲我足前之燈、
이 언 위 아 족 전 지 등

途間之光兮、
도 간 지 광 혜

시119:106

爾公義之律例、
이 공 의 지 률 례

我曾立誓爲證、
아 증 립 서 위 증

必守之兮、
필 수 지 혜

시119:107

耶和華歟、
야 화 화 여

我苦殊深、
아 고 수 심

其依爾言甦我兮、
기 의 이 언 소 아 혜

시119:108

耶和華歟、
야 화 화 여

我口所樂獻之頌詞、
아 구 소 악 헌 지 송 사

求爾納之、
구 이 납 지

以爾律例訓我兮、
이 이 률 례 훈 아 혜

시119:109

我命恆處危境、
아 명 긍 처 위 경

我猶不忘爾律兮、
아 유 불 망 이 률 혜

시119:110

惡人爲我設網、
악 인 위 아 설 망

惟我未違爾訓詞兮、
유 아 미 위 이 훈 사 혜

시119:111

我以爾法度爲永業、
아 이 이 법 도 위 영 업

蓋爲我心所悅兮、
개 위 아 심 소 열 혜

시119:112

我專心從爾典章、
아 전 심 종 이 전 장

至於終極兮、○
지 어 종 극 혜

시119:113

貳心者、
이 심 자

我惡之、
아 악 지

惟愛爾律兮、
유 애 이 률 혜

시119:114

爾爲我避所、
이 위 아 피 소

我干盾、
아 간 순

我仰望爾言兮、
아 앙 망 이 언 혜

시119:115

作惡者流、
작 악 자 류

爾其遠我、
이 기 원 아

俾守我袛上帝之誡命
비 수 아 천 상 제 지 계 명

兮、
혜

시119:116

其依爾言扶我、
기 의 이 언 부 아

俾我生存、
비 아 생 존

勿令我失望、
물 령 아 실 망

而蒙羞兮、
이 몽 수 혜

시119:117

爾其扶我、
이 기 부 아

我則安定、
아 칙 안 정

恆重爾典章兮、
긍 중 이 전 장 혜

시119:118

凡違爾典章者、
범 위 이 전 장 자

爾蔑棄之、
이 멸 기 지

因其詭詐徒然兮、
인 기 궤 사 도 연 혜

시119:119

世上惡人、
세 상 악 인

爾去之如渣滓、
이 거 지 여 사 재

故我愛爾法度兮、
고 아 애 이 법 도 혜

시119:120

我身因畏爾而戰慄、
아 신 인 외 이 이 전 률

爾之行鞫、
이 지 행 국

我亦懼之兮、○
아 역 구 지 혜

시119:121

我素行正直公義、
아 소 행 정 직 공 의

勿遺我於强暴兮、
물 유 이 이 강 폭 혜

시119:122

其保爾僕、
기 보 이 복

俾得佳境、
비 득 가 경

勿任驕人虐我兮、
물 임 교 인 학 아 혜

시119:123

望爾拯救、
망 이 증 구

及公義之言、
급 공 의 지 언

我目昏眊兮、
아 목 혼 모 혜

시119:124

依爾慈惠待爾僕、
의 이 자 혜 대 이 복

以爾典章訓我兮、
이 이 전 장 훈 아 혜

시119:125

我爲爾僕、
아 위 이 복

賜我明哲、
사 아 명 철

俾知爾法度兮、
비 지 이 법 도 혜

시119:126

耶和華興起之時已
야 화 화 흥 기 지 시 이

屆、
계

因人廢爾律兮、
인 인 폐 이 률 혜

시119:127

我愛爾誡命愈於金、
아 애 이 계 명 유 어 금

愈於精金兮、
유 어 정 금 혜

시119:128

凡爾訓詞、
범 이 훈 사

我視爲善、
아 시 위 선

惡諸邪途兮、○
악 제 사 도 혜

시119:129

爾之法度奇妙、
이 지 법 도 기 묘

我心遵守兮、
아 심 준 수 혜

시119:130

爾言既闡、
이 언 기 천

光輝斯著、
광 휘 사 저

使庸人明哲兮、
사 용 인 명 철 혜

시119:131

我口孔張而喘、
아 구 공 장 이 천

因慕爾誡命兮、
인 모 이 계 명 혜

시119:132

其轉而憫我、
기 전 이 민 아

如素待愛爾名者兮、
여 소 대 애 이 명 자 혜

시119:133

固我步履於爾言、
고 아 보 리 어 이 언

勿任罪惡制我兮、
물 임 죄 악 제 아 혜

시119:134

贖我脫人之虐、
속 아 탈 인 지 학

我則守爾訓詞兮、
아 칙 수 이 훈 사 혜

시119:135

使爾容光燭爾僕、
사 이 용 광 촉 이 복

以爾典章訓我兮、
이 이 전 장 훈 아 혜

시119:136

我目出涕若川流、
아 목 출 체 약 천 류

因人不守爾律兮、 ○
인 인 불 수 이 률 혜

시119:137

耶和華歟、
야 화 화 여

爾乃公義、
이 내 공 의

爾讞亦正直兮、
이 얼 역 정 직 혜

시119:138

爾之法度、
이 지 법 도

定於公義、
정 어 공 의

及不易之信實兮、
급 불 역 지 신 실 혜

시119:139

我之熱衷鑠我、
아 지 열 충 삭 아

緣我敵忘爾言兮、
연 아 적 망 이 언 혜

시119:140

爾言至精、
이 언 지 정

爾僕愛之兮、
이 복 애 지 혜

시119:141

我乃卑微、
아 내 비 미

而被蔑視、
이 피 멸 시

不忘爾訓詞兮、
불 망 이 훈 사 혜

시119:142

爾義爲永義、
이 의 위 영 의

爾律乃眞實兮、
이 률 내 진 실 혜

시119:143

患難慘怛及我、
환 난 참 달 급 아

惟爾誡命、
유 이 계 명

爲我所悅兮、
위 아 소 열 혜

시119:144

爾之法度、
이 지 법 도

永爲公義、
영 위 공 의

畀予明哲、
비 여 명 철

我則生存兮、○
아 칙 생 존 혜

시119:145

耶和華歟、
야 화 화 여

我一心呼籲爾、
아 일 심 호 유 이

尚其俞允、
상 기 유 윤

我必守爾典章兮、
아 필 수 이 전 장 혜

시119:146

我呼籲爾、
아 호 유 이

尚其救予、
상 기 구 여

我則守爾法度兮、
아 칙 수 이 법 도 혜

시119:147
黎明未起、
려 명 미 계

我乃呼籲、
아 내 호 유

企望爾言兮、
기 망 이 언 혜

시119:148
夜更未深、
야 경 미 심

我目炯然、
아 목 형 연

以思爾言兮、
이 사 이 언 혜

시119:149
耶和華歟、
야 화 화 여

依爾慈惠、
의 이 자 혜

垂聽我聲、
수 청 아 성

依爾律例甦我兮、
의 이 률 례 소 아 혜

시119:150

謀惡迫我者近我、
모 악 박 아 자 근 아

彼遠爾律兮、
피 원 이 률 혜

시119:151

耶和華歟、
야 화 화 여

爾乃近我、
이 내 근 아

爾之誡命、
이 지 계 명

皆眞實兮、
개 진 실 혜

시119:152

我究爾法度、
아 구 이 법 도

夙知爲爾所立、
숙 지 위 이 소 립

以迄永久兮、 ○
이 흘 영 구 혜

시119:153

其念我苦、
기 념 아 고

而施救援、
이 시 구 원

以我不忘爾律兮、
이 아 불 망 이 률 혜

시119:154

伸我冤而贖我、
신 아 원 이 속 아

依爾言甦我兮、
의 이 언 소 아 혜

시119:155

拯救遠乎惡人、
증 구 원 호 악 인

以其不究爾典章兮、
이 기 불 구 이 전 장 혜

시119:156

耶和華歟、
야 화 화 여

爾之恩寵廣大、
이 지 은 총 광 대

依爾律例甦我兮、
의 이 률 례 소 아 혜

시119:157

迫我仇我者衆、
박 아 구 아 자 중

惟我未違爾法度兮、
유 아 미 위 이 법 도 혜

시119:158

奸詐之輩、
간 사 지 배

我見而惡之、
아 견 이 악 지

以其不守爾言兮、
이 기 불 수 이 언 혜

시119:159

我愛爾訓詞、
아 애 이 훈 사

爾其念之、
이 기 념 지

耶和華歟、
야 화 화 여

依爾慈惠甦我兮、
의 이 자 혜 소 아 혜

시119:160

爾道之綱乃誠、
이 도 지 강 내 성

爾公義之律例永存
이 공 의 지 률 례 영 존

兮、○
혜

시119:161

牧伯無故迫我、
목 백 무 고 박 아

惟我心畏爾言兮、
유 아 심 외 이 언 혜

시119:162

我悅爾言、
아 열 이 언

如大獲虜物兮、
여 대 획 로 물 혜

시119:163

誑言我憾惡之、
광 언 아 감 악 지

惟愛爾律兮、
유 애 이 률 혜

시119:164

因爾公義之律例、
인 이 공 의 지 률 례

我頌美爾、
아 송 미 이

日凡七次兮、
일 범 칠 차 혜

시119:165

愛爾律者、
애 이 률 자

大獲平康、
대 획 평 강

無由顚躓兮、
무 유 전 지 혜

시119:166

耶和華歟、
야 화 화 여

我企望爾拯救、
아 기 망 이 증 구

遵行爾誡命兮、
준 행 이 계 명 혜

시119:167

我心守爾法度、
아 심 수 이 법 도

愛之甚篤兮、
애 지 심 독 혜

시119:168

我守爾訓詞法度、
아 수 이 훈 사 법 도

所行皆在爾前兮、 ○
소 행 개 재 이 전 혜

시119:169

耶和華歟、
야 화 화 여

願我呼籲達於爾前、
원 아 호 유 달 어 이 전

依爾之言、
의 이 지 언

畀我明哲兮、
비 아 명 철 혜

시119:170

願我懇求達於爾前、
원 아 간 구 달 어 이 전

依爾之言拯我兮、
의 이 지 언 증 아 혜

시119:171

願我口頌美、
원 아 구 송 미

因爾以典章訓我兮、
인 이 이 전 장 훈 아 혜

시119:172

願我舌謳歌爾言、
원 아 설 구 가 이 언

因爾誡命、
인 이 계 명

咸爲公義兮、
함 위 공 의 혜

시119:173

願爾著手助我、
원 이 저 수 조 아

因我擇爾訓詞兮、
인 아 택 이 훈 사 혜

시119:174

耶和華歟、
야 화 화 여

我慕爾拯救、
아 모 이 증 구

爾律爲我所悅兮、
이 률 위 아 소 열 혜

시119:175

願我生存、
원 아 생 존

則頌美爾、
칙 송 미 이

願爾律例扶助我兮、
원 이 률 례 부 조 아 혜

시119:176

我如亡羊、
아 여 망 양

行於歧路、
행 어 기 로

其尋爾僕、
기 심 이 복

因我不忘爾誡命兮、
인 아 불 망 이 계 명 혜

詩篇 第百二十篇
시 편 제 백 이 십 편

上行之歌○
상 행 지 가

시120:1
我在難中、
아 재 난 중
呼籲耶和華、
호 유 야 화 화
蒙其俞允兮、
몽 기 유 윤 혜

시120:2
耶和華歟、
야 화 화 여
尙其援我、
상 기 원 아
脫於誑口詭舌兮、
탈 어 광 구 궤 설 혜

시120:3
詭舌歟、
궤 설 여
當何以予之、
당 하 이 여 지

何以加之、
하 이 가 지

시120:4

卽以武士之利矢、
즉 이 무 사 지 리 시

羅騰之爇炭兮、
라 등 지 설 탄 혜

시120:5

我旅於米設、
아 려 어 미 설

寓於基達之幕、
우 어 기 달 지 막

其有禍兮、
기 유 화 혜

시120:6

憾和平者、
감 화 평 자

我與之偕居已久兮、
아 여 지 해 거 이 구 혜

시120:7

我所願乃和平、
아 소 원 내 화 평

惟我言之、
유 아 언 지

彼欲戰鬪兮、
피 욕 전 두 혜

詩篇 第百二十一篇
시 편 제 백 이 십 일 편

上行之歌○
상 행 지 가

시121:1
我擧目向山、
아 거 목 향 산
我之扶助、
아 지 부 조
何自而來、
하 자 이 래

시121:2
我之扶助、
아 지 부 조
來自造天地之耶和華兮、
래 자 조 천 지 지 야 화 화 혜

시121:3
彼不任爾失足、
피 불 임 이 실 족
護佑爾者不寐兮、
호 우 이 자 불 매 혜

시121:4

護佑以色列者、
호 우 이 색 열 자

不寐不眠兮、
불 매 불 면 혜

시121:5

護佑爾者乃耶和華、
호 우 이 자 내 야 화 화

耶和華爲蔭於爾右
야 화 화 위 음 어 이 우

兮、
혜

시121:6

白晝日不爾傷、
백 주 일 불 이 상

昏夜月不爾害兮、
혼 야 월 불 이 해 혜

시121:7

耶和華護佑爾、
야 화 화 호 우 이

俾免諸災、
비 면 제 재

護佑爾命兮、
호 우 이 명 혜

시121:8

爾出爾入、
이 출 이 입
耶和華護佑之、
야 화 화 호 우 지
自今迄於永久兮、
자 금 흘 어 영 구 혜

詩篇 第百二十二篇
시 편 제 백 이 십 이 편
上行之歌大衛所作○
상 행 지 가 대 위 소 작

시122:1
或謂我曰、
혹 위 아 왈
我儕其詣耶和華室、
아 제 기 예 야 화 화 실
我則懽欣兮、
아 칙 환 흔 혜

시122:2
耶路撒冷歟、
야 로 살 랭 여
我足立於爾門兮、
아 족 립 어 이 문 혜

시122:3
耶路撒冷之建、
야 로 살 랭 지 건

如 綿 亙 之 城 兮、
여 면 선 지 성 혜

시122:4

諸 支 派、
제 지 파

耶 和 華 之 支 派 往 彼、
야 화 화 지 지 파 왕 피

乃 以 色 列 之 定 例、
내 이 색 열 지 정 례

欲 稱 頌 耶 和 華 名 兮、
욕 칭 송 야 화 화 명 혜

시122:5

在 彼 設 鞫 位、
재 피 설 국 위

卽 大 衛 室 之 位 兮、
즉 대 위 실 지 위 혜

시122:6

其 爲 耶 路 撒 冷 求 平
기 위 야 로 살 랭 구 평

康、
강

凡 愛 之 者、
범 애 지 자

必 亨 通 兮、
필 형 통 혜

시122:7
願爾城中平康、
원 이 성 중 평 강
願爾宮內亨通兮、
원 이 궁 내 형 통 혜

시122:8
因我昆弟儔侶故、
인 아 곤 제 주 려 고
我曰願平康在爾中、
아 왈 원 평 강 재 이 중

시122:9
因我祆上帝耶和華室
인 아 천 상 제 야 화 화 실
故、
고
我求爾益兮、
아 구 이 익 혜

詩篇第百二十三篇
시 편 제 백 이 십 삼 편
上行之歌○
상 행 지 가

시123:1
居於諸天者歟、
거 어 제 천 자 여

我向爾擧目兮、
아 향 이 거 목 혜

시123:2

如僕之目、
여 복 지 목

望主人之手、
망 주 인 지 수

如婢之目、
여 비 지 목

望主母之手、
망 주 모 지 수

我目亦望我天上帝耶
아 목 역 망 아 천 상 제 야

和華、
화 화

待其矜憫兮、
대 기 긍 민 혜

시123:3

耶和華歟、
야 화 화 여

矜憫我、
긍 민 아

我被藐視特甚兮、
아 피 막 시 특 심 혜

시123:4

我儕極受安逸者之譏
아 제 극 수 안 일 자 지 기

誚、
초

驕泰者之蔑視兮、
교 태 자 지 멸 시 혜

## 詩篇第百二十四篇
시 편 제 백 이 십 사 편

上行之歌大衛所作○
상 행 지 가 대 위 소 작

시124:1

以色列當曰、
이 색 열 당 왈

非耶和華偕我、
비 야 화 화 해 아

시124:2

非耶和華與我共在、
비 야 화 화 여 아 공 재

人起而攻我、
인 기 이 공 아

시124:3

奮怒於我、
분 노 어 아

則生呑我兮、
칙 생 탄 아 혜

시124:4

波濤衝我、
파 도 충 아

溪流淹我、
계 류 엄 아

시124:5

狂瀾沒我兮、
광 란 몰 아 혜

시124:6

當頌美耶和華、
당 송 미 야 화 화

彼不付我於敵、
피 불 부 아 어 적

爲其牙間物兮、
위 기 아 간 물 혜

시124:7

我儕如鳥、
아 제 여 조

脫於獵人之網、
탈 어 렵 인 지 망

網裂而我得免兮、
망 렬 이 아 득 면 혜

시124:8

我之扶助、
아 지 부 조

在耶和華之名、
재 야 화 화 지 명

彼造天地兮、
피 조 천 지 혜

## 詩篇 第百二十五篇
시 편 제 백 이 십 오 편

上行之歌○
상 행 지 가

시125:1

恃耶和華者、
시 야 화 화 자

有若郇山、
유 약 순 산

永立不動兮、
영 립 불 동 혜

시125:2

山嶽環衛耶路撒冷、
산 악 환 위 야 로 살 랭

耶和華亦如是環衛其
야 화 화 역 여 시 환 위 기

民、
민

自今迄於永久兮、
자 금 흘 어 영 구 혜

시125:3

惡人之杖、
악 인 지 장

不及義人之業、
불 급 의 인 지 업

免義人伸手作惡兮、
면 의 인 신 수 작 악 혜

시125:4

耶和華歟、
야 화 화 여

善待爲善之人、
선 대 위 선 지 인

正心之輩兮、
정 심 지 배 혜

시125:5

彼偏行曲徑者、
피 편 행 곡 경 자

耶和華必曳之、
야 화 화 필 예 지

使與惡黨同出、
사 여 악 당 동 출

願平康歸於以色列
원 평 강 귀 어 이 색 열

兮、
혜

# 詩篇第百二十六篇
시편제백이십육편

上行之歌○
상행지가

시126:1
耶和華返郇之俘囚時、
야화화반순지부수시
我儕如夢兮、
아제여몽혜

시126:2
口充喜笑、
구충희소
舌滿歡呼、
설만환호
列邦人曰、
열방인왈
耶和華爲之行大事兮、
야화화위지행대사혜

시126:3
耶和華爲我行大事、
야화화위아행대사

我則歡欣兮、
아 즉 환 흔 혜

시126:4

耶和華歟、
야 화 화 여

返我俘囚、
반 아 부 수

如南方之溪流兮、
여 남 방 지 계 류 혜

시126:5

泣而播者、
읍 이 파 자

必喜而獲兮、
필 희 이 획 혜

시126:6

攜種流涕而出者、
휴 종 류 제 이 출 자

必挾禾束、
필 협 화 속

欣然而歸兮、
흔 연 이 귀 혜

## 詩篇第百二十七篇
시 편 제 백 이 십 칠 편

上行之歌所羅門所作
상 행 지 가 소 라 문 소 작

시127:1

非耶和華建屋宇、
비 야 화 화 건 옥 우

則匠人之經營徒然、
칙 장 인 지 경 영 도 연

非耶和華衛城邑、
비 야 화 화 위 성 읍

則守者之儆醒徒然、
칙 수 자 지 경 성 도 연

시127:2

爾曹夙興晏寢、
이 조 숙 흥 안 침

勞苦謀食、
로 고 모 식

俱繫徒然、
구 계 도 연

祅上帝所愛者、
천 상 제 소 애 자

偃息之時、
언 식 지 시

錫以綏安兮、
석 이 수 안 혜

시127:3

子女爲耶和華所賜、
자 녀 위 야 화 화 소 사

產育爲其賞賚兮、
산 육 위 기 상 뢰 혜

시127:4

壯時之子、
장 시 지 자

如武士手中之矢兮、
여 무 사 수 중 지 시 혜

시127:5

滿其箙者、
만 기 복 자

其有福矣、
기 유 복 의

於邑門語敵時、
어 읍 문 어 적 시

不至愧恥兮、
불 지 괴 치 혜

## 詩篇第百二十八篇
시 편 제 백 이 십 팔 편

上行之歌○
상 행 지 가

시128:1

凡寅畏耶和華、
범 인 외 야 화 화

行其道者、
행 기 도 자

其有福兮、
기 유 복 혜

시128:2

必食爾手勤勞所得、
필 식 이 수 근 로 소 득

獲福而亨通兮、
획 복 이 형 통 혜

시128:3

妻處內室如結實之葡萄、
처 처 내 실 여 결 실 지 포 도

子繞幾席、
자 요 기 석

如叢生之橄欖兮、
여 총 생 지 감 람 혜

시128:4

寅畏耶和華者、
인 외 야 화 화 자

必蒙斯福兮、
필 몽 사 복 혜

시128:5

願耶和華由郇錫嘏於
원 야 화 화 유 순 석 하 어

爾、
이

願爾畢生、
원 이 필 생

目覩耶路撒冷之福
목 도 야 로 살 랭 지 복

兮、
혜

시128:6

願爾得見爾孫、
원 이 득 견 이 손

願平康歸於以色列
원 평 강 귀 어 이 색 열

兮、
혜

詩篇第百二十九篇
시 편 제 백 이 십 구 편

上行之歌。
상 행 지 가

시129:1

以色列當曰、
이 색 열 당 왈

自 我 幼 年、
자 아 유 년

人 屢 苦 我 兮、
인 루 고 아 혜

시129:2

自 我 幼 年、
자 아 유 년

人 屢 苦 我、
인 루 고 아

惟 未 勝 我 兮、
유 미 승 아 혜

시129:3

耕 者 耕 於 我 背、
경 자 경 어 아 배

而 長 其 隴 兮、
이 장 기 롱 혜

시129:4

耶 和 華 乃 義、
야 화 화 내 의

斷 惡 人 之 索 兮、
단 악 인 지 색 혜

시129:5

凡 憾 郇 者、
범 감 순 자

願其蒙羞却退、
원 기 몽 수 각 퇴

시129:6

如屋巓之草、
여 옥 전 지 초

未長而枯兮、
미 장 이 고 혜

시129:7

收獲者不盈其握、
수 획 자 불 영 기 악

束禾者不滿其懷、
속 화 자 불 만 기 회

시129:8

經過之人、
경 과 지 인

不曰願耶和華錫嘏於
불 왈 원 야 화 화 석 하 어

爾、
이

我奉耶和華名祝爾
아 봉 야 화 화 명 축 이

兮、
혜

詩篇第百三十篇
시 편 제 백 삼 십 편

# 上行之歌○
상행지가

시130:1

耶和華歟、
야화화여

我自深淵呼籲爾兮、
아자심연호유이혜

시130:2

主歟、
주여

其聽我聲、
기청아성

傾耳聽我懇求之聲兮、
경이청아간구지성혜

시130:3

主耶和華歟、
주야화화여

爾若注意罪愆、
이약주의죄건

孰能卓立兮、
숙능탁립혜

시130:4

惟爾施行赦宥、
유 이 시 행 사 유

致見寅畏兮、
지 견 인 외 혜

시130:5

我待耶和華、
아 대 야 화 화

我心待之、
아 심 대 지

我企望其言兮、
아 기 망 기 언 혜

시130:6

我心待主、
아 심 대 주

切於守夜者之待旦、
절 어 수 야 자 지 대 단

誠切於守夜者之待旦
성 절 어 수 야 자 지 대 단

兮、
혜

시130:7

以色列歟、
이 색 열 여

企望耶和華、
기 망 야 화 화

以其具有慈惠、
이 기 구 유 자 혜

富有救恩兮、
부 유 구 은 혜

시130:8

必贖以色列、
필 속 이 색 열

脫於諸罪兮、
탈 어 제 죄 혜

## 詩篇第百三十一篇
시 편 제 백 삼 십 일 편

上行之歌大衛所作。
상 행 지 가 대 위 소 작

시131:1

耶和華歟、
야 화 화 여

我心不驕、
아 심 불 교

我目不高、
아 목 불 고

重大之事、
중 대 지 사

奇妙莫測、
기 묘 막 측

我不務之兮、
아 불 무 지 혜

시131:2
我使我心恬靜、
아 사 아 심 념 정
如斷乳之子偕其母、
여 단 유 지 자 해 기 모
我心誠如斷乳之子
아 심 성 여 단 유 지 자
兮、
혜

시131:3
以色列歟、
이 색 열 여
企望耶和華、
기 망 야 화 화
自今迄於永久兮、
자 금 흘 어 영 구 혜

詩篇第百三十二篇
시 편 제 백 삼 십 이 편
上行之歌○
상 행 지 가

시132:1
耶和華歟、
야 화 화 여

大衛之難、
대 위 지 난

尚其記憶兮、
상 기 기 억 혜

시132:2

彼如何發誓於耶和
피 여 하 발 서 어 야 화

華、
화

許願於雅各之能者、
허 원 어 아 각 지 능 자

시132:3

曰、
왈

我必不入我幕、
아 필 불 입 아 막

不登我牀、
불 등 아 상

시132:4

不任我目寢睡、
불 임 아 목 침 수

合睫而眠兮、
합 첩 이 면 혜

시132:5

俟我爲耶和華尋獲居所、
사 아 위 야 화 화 심 획 거 소

爲雅各之能者、
위 아 각 지 능 자

尋獲帷幕兮、
심 획 유 막 혜

시132:6

我聞約匱在以法他、
아 문 약 궤 재 이 법 타

遇之於林野兮、
우 지 어 림 야 혜

시132:7

我儕入其帷幕、
아 제 입 기 유 막

拜於足几之下兮、
배 어 족 궤 지 하 혜

시132:8

耶和華歟、
야 화 화 여

尚其興起、
상 기 흥 기

與爾力之約匱、
여 이 력 지 약 궤

同入安居之所兮、
동 입 안 거 지 소 혜

시132:9
願爾之祭司衣義、
원 이 지 제 사 의 의
爾之聖民歡呼兮、
이 지 성 민 환 호 혜

시132:10
緣爾僕大衛故、
연 이 복 대 위 고
勿使爾受膏者轉面
물 사 이 수 고 자 전 면
兮、
혜

시132:11
耶和華以誠誓於大
야 화 화 이 성 서 어 대
衛、
위
必不反覆、
필 불 반 복
曰我必使爾所生者、
왈 아 필 사 이 소 생 자
居爾位兮、
거 이 위 혜

시132:12

爾子若守我約、
이 자 약 수 아 약

與我所訓之法、
여 아 소 훈 지 법

厥子亦必永居其位、
궐 자 역 필 영 거 기 위

시132:13

蓋耶和華簡郇、
개 야 화 화 간 순

欲以爲居所兮、
욕 이 위 거 소 혜

시132:14

曰、
왈

此我永久安居之所、
차 아 영 구 안 거 지 소

我必處此、
아 필 처 차

以其爲我所悅兮、
이 기 위 아 소 열 혜

시132:15

我必錫嘏其糧、
아 필 석 하 기 량

以食飫其貧民兮、
이 식 어 기 빈 민 혜

시132:16
必以拯救被其祭司、
필 이 증 구 피 기 제 사
聖民大聲歡呼兮、
성 민 대 성 환 호 혜

시132:17
必爲大衛生角、
필 위 대 위 생 각
爲我受膏者備燈兮、
위 아 수 고 자 비 등 혜

시132:18
必使其敵蒙羞、
필 사 기 적 몽 수
彼之冠冕、
피 지 관 면
光輝發越兮、
광 휘 발 월 혜

詩篇第百三十三篇
시 편 제 백 삼 십 삼 편
上行之歌大衛所作。
상 행 지 가 대 위 소 작

시133:1

昆弟翕合同居、
곤 제 흡 합 동 거

何其美善兮、
하 기 미 선 혜

시133:2

譬彼寶膏、
비 피 보 고

沐亞倫首、
목 아 륜 수

流於其鬚、
류 어 기 수

延及衣襜兮、
연 급 의 첨 혜

시133:3

如黑門之露、
여 흑 문 지 로

降於郇之諸山、
강 어 순 지 제 산

在彼耶和華錫嘏、
재 피 야 화 화 석 하

賜以永生兮、
사 이 영 생 혜

詩篇第百三十四篇
시 편 제 백 삼 십 사 편

上行之歌○
상 행 지 가

시134:1
耶和華之諸僕、
야 화 화 지 제 복
夜間侍立其室者、
야 간 시 립 기 실 자
其稱頌耶和華兮、
기 칭 송 야 화 화 혜

시134:2
向聖所擧手、
향 성 소 거 수
稱頌耶和華兮、
칭 송 야 화 화 혜

시134:3
願耶和華由郇錫嘏於
원 야 화 화 유 순 석 하 어
爾、
이
彼造天地兮、
피 조 천 지 혜

詩篇第百三十五篇
시 편 제 백 삼 십 오 편

시135:1

爾其頌美耶和華、
이 기 송 미 야 화 화

頌美耶和華名、
송 미 야 화 화 명

耶和華之僕歟、
야 화 화 지 복 여

其頌美之、
기 송 미 지

시135:2

侍立耶和華室、
시 립 야 화 화 실

在我祆上帝室院者、
재 아 천 상 제 실 원 자

頌美之兮、
송 미 지 혜

시135:3

其頌美耶和華、
기 송 미 야 화 화

耶和華乃善、
야 화 화 내 선

歌頌其名、
가 송 기 명

斯爲美兮、
사 위 미 혜

시135:4

耶和華爲己簡雅各、
야화화위기간아각

選以色列爲己業兮、
선이색열위기업혜

시135:5

我知耶和華爲大、
아지야화화위대

我主超乎諸神兮、
아주초호제신혜

시135:6

在於上天下地、
재어상천하지

滄海深淵、
창해심연

耶和華所悅者、
야화화소열자

咸爲之兮、
함위지혜

시135:7

使霧起於地極、
사무기어지극

造電隨雨、
조전수우

出風於其庫兮、
출풍어기고혜

시135:8

戮埃及之首生、
륙 애 급 지 수 생

或人或畜兮、
혹 인 혹 축 혜

시135:9

行神蹟奇事於埃及、
행 신 적 기 사 어 애 급

加於法老、
가 어 법 로

及厥臣僕兮、
급 궐 신 복 혜

시135:10

擊多國、
격 다 국

戮強王、
륙 강 왕

시135:11

亞摩利王西宏、
아 마 리 왕 서 굉

巴珊王噩、
파 산 왕 악

及迦南諸國兮、
급 가 남 제 국 혜

시135:12

以其地爲業、
이 기 지 위 업

賜其民以色列兮、
사 기 민 이 색 열 혜

시135:13

耶和華歟、
야 화 화 여

爾名悠久、
이 명 유 구

耶和華歟、
야 화 화 여

爾誌歷世弗替兮、
이 지 력 세 불 체 혜

시135:14

耶和華必爲其民伸
야 화 화 필 위 기 민 신

寃、
원

爲其僕回意兮、 ○
위 기 복 회 의 혜

시135:15

異邦偶像、
이 방 우 상

乃銀乃金、
내 은 내 금

人手所造、
인 수 소 조

시135:16

有口不言、
유 구 불 언

有目不見、
유 목 불 견

시135:17

有耳不聞、
유 이 불 문

有口無氣、
유 구 무 기

시135:18

造之者、
조 지 자

賴之者、
뢰 지 자

必似之兮、
필 사 지 혜

시135:19

以色列家歟、
이 색 열 가 여

稱頌耶和華、
칭 송 야 화 화

亞倫家歟、
아륜가여

稱頌耶和華、
칭송야화화

시135:20

利未家歟、
리미가여

稱頌耶和華、
칭송야화화

寅畏耶和華者歟、
인외야화화자여

稱頌耶和華、
칭송야화화

시135:21

居耶路撒冷之耶和華、
거야로살랭지야화화

當由郇稱頌之、
당유순칭송지

爾其頌美耶和華兮、
이기송미야화화혜

詩篇第百三十六篇
시편제백삼십륙편

시136:1

爾 其 稱 謝 耶 和 華、
이 기 칭 사 야 화 화

以 其 爲 善、
이 기 위 선

慈 惠 永 存 兮、
자 혜 영 존 혜

시136:2

稱 謝 諸 神 之 神、
칭 사 제 신 지 신

以 其 慈 惠 永 存 兮、
이 기 자 혜 영 존 혜

시136:3

稱 謝 諸 主 之 主、
칭 사 제 주 지 주

以 其 慈 惠 永 存 兮、
이 기 자 혜 영 존 혜

시136:4

獨 行 大 奇 事、
독 행 대 기 사

以 其 慈 惠 永 存 兮、
이 기 자 혜 영 존 혜

시136:5

以 明 哲 造 穹 蒼、
이 명 철 조 궁 창

以其慈惠永存兮、
이 기 자 혜 영 존 혜

시136:6
鋪大地於水上、
포 대 지 어 수 상
以其慈惠永存兮、
이 기 자 혜 영 존 혜

시136:7
締造巨光、
체 조 거 광
以其慈惠永存兮、
이 기 자 혜 영 존 혜

시136:8
日以理晝、
일 이 리 주
以其慈惠永存兮、
이 기 자 혜 영 존 혜

시136:9
月星理夜、
월 성 리 야
以其慈惠永存兮、
이 기 자 혜 영 존 혜

시136:10
擊埃及之長子、
격 애 급 지 장 자

以其慈惠永存兮、
이 기 자 혜 영 존 혜

시136:11

導以色列出其間、
도 이 색 열 출 기 간

以其慈惠永存兮、
이 기 자 혜 영 존 혜

시136:12

施能手與奮臂、
시 능 수 여 분 비

以其慈惠永存兮、
이 기 자 혜 영 존 혜

시136:13

分裂紅海、
분 렬 홍 해

以其慈惠永存兮、
이 기 자 혜 영 존 혜

시136:14

導以色列經行其中、
도 이 색 열 경 행 기 중

以其慈惠永存兮、
이 기 자 혜 영 존 혜

시136:15

覆法老與其軍於紅
복 법 로 여 기 군 어 홍

海、
해

以其慈惠永存兮、
이 기 자 혜 영 존 혜

시136:16
導其民歷曠野、
도 기 민 력 광 야

以其慈惠永存兮、
이 기 자 혜 영 존 혜

시136:17
擊殺强王、
격 살 강 왕

以其慈惠永存兮、
이 기 자 혜 영 존 혜

시136:18
戮著名之王、
륙 저 명 지 왕

以其慈惠永存兮、
이 기 자 혜 영 존 혜

시136:19
戮亞摩利王西宏、
륙 아 마 리 왕 서 공

以其慈惠永存兮、
이 기 자 혜 영 존 혜

시136:20

戮巴珊王噩、
륙 파 산 왕 악

以其慈惠永存兮、
이 기 자 혜 영 존 혜

시136:21

以其地爲業、
이 기 지 위 업

以其慈惠永存兮、
이 기 자 혜 영 존 혜

시136:22

賜其僕以色列爲業、
사 기 복 이 색 열 위 업

以其慈惠永存兮、
이 기 자 혜 영 존 혜

시136:23

念我卑賤之況、
념 아 비 천 지 황

以其慈惠永存兮、
이 기 지 혜 영 존 혜

시136:24

援我於敵、
원 아 어 적

以其慈惠永存兮、
이 기 자 혜 영 존 혜

시136:25

賜糧於凡有血氣者、
사 량 어 범 유 혈 기 자

以其慈惠永存兮、
이 기 자 혜 영 존 혜

시136:26

其稱謝天上祆上帝、
기 칭 사 천 상 천 상 제

以其慈惠永存兮、
이 기 자 혜 영 존 혜

## 詩篇第百三十七篇
시 편 제 백 삼 십 칠 편

시137:1

在巴比倫河濱、
재 파 비 륜 하 빈

我儕追念郇邑、
아 제 추 념 순 읍

坐而哭泣兮、
좌 이 곡 읍 혜

시137:2

其間有柳、
기 간 유 류

懸琴其上兮、
현 금 기 상 혜

시137:3

虜我者令我歌、
로 아 자 령 아 가

刦我者命我樂、
겁 아 자 명 아 악

曰爲我謳郇歌兮、
왈 위 아 구 순 가 혜

시137:4

我在異邦、
아 재 이 방

奚謳耶和華之歌兮、
해 구 야 화 화 지 가 혜

시137:5

耶路撒冷歟、
야 로 살 랭 여

我若忘爾、
아 약 망 이

願我右手、
원 아 우 수

失其技巧兮、
실 기 기 교 혜

시137:6

如不憶爾、
여 불 억 이

不悅耶路撒冷、
불 열 야 로 살 랭

越於所最樂者、
월어소최악자

願我舌黏於顎兮、
원아설점어악혜

시137:7

耶和華歟、
야화화여

耶路撒冷遭難時、
야로살랭조난시

以東族曰、
이동족왈

毁之毁之、
훼지훼지

至於基址、
지어기지

尚其念之兮、
상기념지혜

시137:8

將亡之巴比倫女歟、
장망지파비륜녀여

以爾之待我者待爾、
이이지대아자대이

斯人其有福兮、
사인기유복혜

시137:9

擲爾孩提於石、
척 이 해 제 어 석

斯人其有福兮、
사 인 기 유 복 혜

## 詩篇 第百三十八篇
시 편 제 백 삼 십 팔 편

大衛之詞○
대 위 지 사

시138:1

我一心稱謝爾、
아 일 심 칭 사 이

歌頌爾於諸神之前兮、
가 송 이 어 제 신 지 전 혜

시138:2

望爾聖殿崇拜、
망 이 성 전 숭 배

爲爾慈惠誠實、
위 이 자 혜 성 실

稱揚爾名、
칭 양 이 명

因宏爾言、
인 굉 이 언

越於曩昔所示兮、
월 어 낭 석 소 시 혜

시138:3

我呼籲時、
아 호 유 시

爾卽俞允、
이 즉 유 윤

爾鼓勵我、
이 고 려 아

俾我心有力兮、
비 아 심 유 력 혜

시138:4

耶和華歟、
야 화 화 여

地上諸王、
지 상 제 왕

得聞爾口之言、
득 문 이 구 지 언

必稱謝爾兮、
필 칭 사 이 혜

시138:5

謳歌耶和華之作爲、
구 가 야 화 화 지 작 위

以耶和華之尊榮赫奕
이 야 화 화 지 존 영 혁 혁

兮、
혜

시138:6

耶和華雖崇高、
야 화 화 수 숭 고

猶顧卑微、
유 고 비 미

惟彼驕人、
유 피 교 인

則遙知之兮、
칙 요 지 지 혜

시138:7

我雖行於患難、
아 수 행 어 환 난

爾必甦我、
이 필 소 아

伸手以禦我敵之怒、
신 수 이 어 아 적 지 노

爾之右手、
이 지 우 수

必援我兮、
필 원 아 혜

시138:8

關於我者、
관 어 아 자

耶和華必成之、
야화화필성지

耶和華歟、
야화화여

爾之慈惠永存、
이지자혜영존

爾手所造者、
이수소조자

勿離棄之兮、
물리기지혜

詩篇第百三十九篇
시편제백삼십구편

大衛之詩使伶長歌之○
대위지시사령장가지

시139:1

耶和華歟、
야화화여

爾鑒察我、
이감찰아

洞悉我兮、
동실아혜

시139:2

我坐我起、
아 좌 아 기

爾皆知之、
이 개 지 지

遙悉我之意念兮、
요 실 아 지 의 념 혜

시139:3

我行我臥、
아 행 아 와

爾察之詳、
이 찰 지 상

我之作爲、
아 지 작 위

爾知之稔兮、
이 지 지 임 혜

시139:4

耶和華歟、
야 화 화 여

我舌有言、
아 설 유 언

爾無不知兮、
이 무 불 지 혜

시139:5

爾環我於前後、
이 환 아 어 전 후

按手於我躬兮、
안 수 어 아 궁 혜

시139:6

維此知識、
유 차 지 식

其妙我不能測、
기 묘 아 불 능 측

其高我不能及兮、
기 고 아 불 능 급 혜

시139:7

我何所往、
아 하 소 왕

以避爾神、
이 피 이 신

我何所逃、
아 하 소 도

以避爾面兮、
이 피 이 면 혜

시139:8

若上升於高天、
약 상 승 어 고 천

爾在於彼、
이 재 어 피

若下榻於陰府、
약 하 탑 어 음 부

爾在於斯兮、
이 재 어 사 혜

시139:9

若奮清晨之翼、
약 분 청 신 지 익

居於海極、
거 어 해 극

시139:10

爾手必導我、
이 수 필 도 아

爾右手必扶我兮、
이 우 수 필 부 아 혜

시139:11

若謂幽暗必蔽我、
약 위 유 암 필 폐 아

環我之光、
환 아 지 광

變爲昏夜、
변 위 혼 야

시139:12

然在於爾、
연 재 어 이

幽暗不能隱藏、
유 암 불 능 은 장

昏夜昭明如晝、
혼 야 소 명 여 주

暗同於光兮、
암 동 어 광 혜

시139:13

我之臟腑、
아 지 장 부

爾所締造、
이 소 체 조

我在母胎、
아 재 모 태

爾所組織兮、
이 소 조 직 혜

시139:14

我必稱謝爾、
아 필 칭 사 이

因我受造奧妙可駭、
인 아 수 조 오 묘 가 해

爾之經綸奇異、
이 지 경 륜 기 이

我心深知兮、
아 심 심 지 혜

시139:15

我受造於暗中、
아 수 조 어 암 중

被精製於地之深處、
피 정 제 어 지 지 심 처

我之形骸、
아 지 형 해

無隱於爾兮、
무 은 어 이 혜

시139:16

我質未成、
아 질 미 성

爾目見之、
이 목 견 지

爲我所定之日、
위 아 소 정 지 일

尙無其一、
상 무 기 일

已盡錄於爾冊兮、
이 진 록 어 이 책 혜

시139:17

祆上帝歟、
천 상 제 여

爾對我之意念何其
이 대 아 지 의 념 하 기

寶、
보

厥數何其多、
궐 수 하 기 다

시139:18

若核其數、
약 핵 기 수

多於海沙、
다 어 해 사

我醒寤時、
아 성 오 시

仍與爾偕兮、
잉 여 이 해 혜

시139:19

祆上帝歟、
천 상 제 여

爾必戮惡人、
이 필 륙 악 인

嗜殺者歟、
기 살 자 여

其遠我兮、
기 원 아 혜

시139:20

彼以惡言攻爾、
피 이 악 언 공 이

爾敵妄稱爾名兮、
이 적 망 칭 이 명 혜

시139:21

耶和華歟、 (야화화여)

惡爾者、 (악이자)

我詎不惡之、 (아거불악지)

敵爾者、 (적이자)

我詎不憎之乎、 (아거불증지호)

시139:22

我惡之甚、 (아악지심)

彼爲我敵兮、 (피위아적혜)

시139:23

祆上帝歟、 (천상제어)

鑒我而知我心、 (감아이지아심)

試我而知我意、 (시아이지아의)

시139:24

觀察我衷、
관찰아충

有無惡行、
유무악행

導我於永生之途兮、
도아어영생지도혜

詩篇第百四十篇
시편제백사십편

大衛之詩使伶長歌
대위지시사령장가

之○
지

시140:1
耶和華歟、
야화화여

援我於惡人、
원아어악인

護我於强暴兮、
호아어강폭혜

시140:2
彼心謀惡、
피심모악

恆構戰兮、
긍구전혜

시140:3

利舌如蛇、
리 설 여 사

脣藏蝮毒兮、
순 장 복 독 혜

시140:4

耶和華歟、
야 화 화 여

脫我於惡人之手、
탈 아 어 악 인 지 수

護我於强暴、
호 아 어 강 폭

彼定厥志、
피 정 궐 지

躓我步履兮、
지 아 보 리 혜

시140:5

維彼驕人、
유 피 교 인

爲我置機檻、
위 아 치 기 함

張絆索、
장 반 색

施網道旁、
시 망 도 방

爲我設擭兮、 ○
위 아 설 획 혜

시140:6

我謂耶和華曰、
아 위 야 화 화 왈

爾乃我祆上帝、
이 내 아 천 상 제

耶和華歟、
야 화 화 여

傾耳聽我懇求之聲
경 이 청 아 간 구 지 성

兮、
혜

시140:7

主耶和華、
주 야 화 화

我拯救之力歟、
아 증 구 지 력 여

在昔戰鬪之日、
재 석 전 두 지 일

爾蔽我首兮、
이 폐 아 수 혜

시140:8

耶和華歟、
야 화 화 여

勿遂惡人之欲、
물 수 악 인 지 욕

勿成其謀、
물 성 기 모

免其自高兮、
면 기 자 고 혜

시140:9

昂首而圍我者、
앙 수 이 위 아 자

願其口之奸惡、
원 기 구 지 간 악

反乎己身兮、
반 호 기 신 혜

시140:10

願爇炭墮其上、
원 설 탄 타 기 상

願其投於火燄、
원 기 투 어 화 염

陷於深坑、
함 어 심 갱

不復興起兮、
불 복 흥 기 혜

시140:11

讒謗者、
참 방 자

不得堅立於世、
불 득 견 립 어 세

强暴者、
강 폭 자

災禍必獵取之、
재 화 필 렵 취 지

傾覆其人兮、
경 복 기 인 혜

시140:12

我知耶和華必爲困苦
아 지 야 화 화 필 위 곤 고

者折中、
자 절 중

爲窮乏者辨屈兮、
위 궁 핍 자 변 굴 혜

시140:13

義人必稱頌爾名、
의 인 필 칭 송 이 명

正人必居處爾前兮、
정 인 필 거 처 이 전 혜

詩篇 第百四十一篇
시 편 제 백 사 십 일 편

大衛之詩○
대 위 지 시

시141:1

耶和華歟、
야 화 화 여

我呼籲爾、
아 호 유 이

其速臨我、
기 속 림 아

我呼籲時、
아 호 유 시

傾耳以聽我聲兮、
경 이 이 청 아 성 혜

시141:2

願我祈禱、
원 아 기 도

陳於爾前、
진 어 이 전

有若馨香、
유 약 형 향

願我擧手、
원 아 거 수

等於夕祭兮、
등 어 석 제 혜

시141:3

耶和華歟、
야 화 화 여

其守我口、
기 수 아 구

而監我脣兮、
이 감 아 순 혜

시141:4

勿使我心嚮惡、
물 사 아 심 향 악

偕同惡黨作慝、
해 동 악 당 작 특

勿使我食其珍羞兮、
물 사 아 식 기 진 수 혜

시141:5

惟任義人擊我、
유 임 의 인 격 아

我以爲慈、
아 이 위 자

任其責我、
임 기 책 아

如膏膏首、
여 고 고 수

勿容我首卻之、
물 용 아 수 각 지

而我仍以祈禱、
이 아 잉 이 기 도

禦惡人之邪僻兮、
어 악 인 지 사 벽 혜

시141:6

追其士師擲於巖下、
태 기 사 사 척 어 암 하

人則必聽我言、
인 칙 필 청 아 언

以之爲甘兮、
이 지 위 감 혜

시141:7

我之骸骨、
아 지 해 골

散於墓側、
산 어 묘 측

若人耕田、
약 인 경 전

所起之塊兮、
소 기 지 괴 혜

시141:8

主耶和華歟、
수 야 화 화 여

我目望爾、
아 목 망 이

我身託庇於爾、
아 신 탁 비 어 이

勿傾我命兮、
물 경 아 명 혜

시141:9
俾脫爲我所設之網、
비 탈 위 아 소 설 지 망
惡人所置之擭兮、
악 인 소 치 지 획 혜

시141:10
願惡人自罹其網、
원 악 인 자 리 기 망
我則得脫兮、
아 칙 득 탈 혜

## 詩篇 第百四十二篇
시 편 제 백 사 십 이 편

大衛居於巖穴所作
대 위 거 어 암 혈 소 작
之禱詞○
지 도 사

시142:1
我揚聲呼籲耶和華、
아 양 성 호 유 야 화 화
揚聲懇求耶和華兮、
양 성 간 구 야 화 화 혜

시142:2

我於其前、
아 어 기 전

傾吐我苦情、
경 토 아 고 정

陳述我患難兮、
진 술 아 환 난 혜

시142:3

我神昏憒之時、
아 신 혼 궤 지 시

爾知我徑、
이 지 아 경

敵在我行之途、
적 재 아 행 지 도

暗爲設網兮、
암 위 설 망 혜

시142:4

試觀我右、
시 관 아 우

無人識我、
무 인 식 아

無處避難、
무 처 피 난

無人顧我兮、
무 인 고 아 혜

시142:5

耶和華歟、
야 화 화 여

我呼籲爾、
아 호 유 이

謂爾爲我避所、
위 이 위 아 피 소

在生人之地、
재 생 인 지 지

爾爲我業兮、
이 위 아 업 혜

시142:6

我底於至微、
아 저 어 지 미

其聽我呼籲、
기 청 아 호 유

拯我於迫我者、
증 아 어 박 아 자

以其强於我兮、
이 기 강 어 아 혜

시142:7

導我出囹圄、
도 아 출 령 어

俾我稱頌爾名、
비 아 칭 송 이 명

爾將厚待我、
이 장 후 대 아

義人環我兮、
의 인 환 아 혜

# 詩篇 第百四十三篇
시 편 제 백 사 십 삼 편

大衛之詩○
대 위 지 시

시143:1

耶和華歟、
야 화 화 여

聽我所禱、
청 아 기 도

傾耳聽我懇求、
경 이 청 아 간 구

以信義俞允我兮、
이 신 의 유 윤 아 혜

시143:2

勿行鞫於爾僕、
물 행 국 어 이 복

依爾視之、
의 이 시 지

在世無一義人兮、
재 세 무 일 의 인 혜

시143:3

仇敵迫我、
구 적 박 아

傾我於地、
경 아 어 지

俾我處於幽暗、
비 아 처 어 유 암

如久死之人兮、
여 구 사 지 인 혜

시143:4

我神昏憒、
아 신 혼 궤

我心淒慘兮、
아 심 처 참 혜

시143:5

我追憶昔日、
아 추 억 석 일

思爾經綸、
사 이 경 륜

默念爾手所爲兮、
묵 념 이 수 소 위 혜

시143:6

向爾擧手、
향 이 거 수

中心望爾、
중 심 망 이

如槁壤之望雨兮、
여 고 양 지 망 우 혜

시143:7

耶和華歟、
야 화 화 여

其速允我、
기 속 윤 아

我神疲憊、
아 신 피 비

勿向我掩面、
물 향 아 엄 면

免我同於就墓之人
면 아 동 어 취 묘 지 인

兮、
혜

시143:8

我惟爾是恃、
아 유 이 시 시

俾於清晨得聞慈言、
비 어 청 신 득 문 자 언

我心仰爾、
아 심 앙 이

示我當行之路兮、
시 아 당 행 지 로 혜

시143:9

耶和華歟、
야화화여

援我於敵、
원아어적

我逃匿於爾兮、
아도닉어이혜

시143:10

爾爲我祆上帝、
이위아천상제

尚其訓我以行爾志、
상기훈아이행이지

爾神乃善、
이신내선

祈導我於安平之地
기도아어안평지지

兮、
혜

시143:11

耶和華歟、
야화화여

緣爾名而甦我、
연이명이소아

以爾義出我於難兮、
이이의출아어난혜

시143:12

我爲爾僕、
아 위 이 복

其依爾慈絶我敵、
기 의 이 자 절 아 적

苦我者悉滅之兮、
고 아 자 실 멸 지 혜

## 詩篇 第百四十四篇
시 편 제 백 사 십 사 편

大衛之詞○
대 위 지 사

시144:1

耶和華我磐石、
야 화 화 아 반 석

宜頌美之、
의 송 미 지

彼訓我手以戰、
피 훈 아 수 이 전

教我指以鬬兮、
교 아 지 이 두 혜

시144:2

爲我慈惠、
위 아 자 혜

我保障、
아 보 장

我高臺、
아 고 대

我救者、
아 구 자

我干盾、
아 간 순

我所託庇、
아 소 탁 비

使我民服於我兮、
사 아 민 복 어 아 혜

시144:3

耶和華歟、
야 화 화 여

世人爲誰、
세 인 위 수

爾乃念之、
이 내 념 지

人子爲誰、
인 자 위 수

爾乃顧之、
이 내 고 지

시144:4

世人如氣息、
세 인 여 기 식

其 日 如 影 迅 逝 兮、
기 일 여 영 신 서 혜

시144:5

耶 和 華 歟、
야 화 화 여

爾 其 垂 諸 天 而 臨 格、
이 기 수 제 천 이 림 격

捫 山 嶽 而 煙 騰 兮、
문 산 악 이 연 등 혜

시144:6

閃 電 以 潰 敵、
섬 전 이 궤 적

發 矢 以 亂 之 兮、
발 시 이 란 지 혜

시144:7

自 上 伸 手 以 拯 我、
자 상 신 수 이 증 아

援 我 於 巨 浸、
원 아 어 거 침

及 外 族 之 手 兮、
급 외 족 지 수 혜

시144:8

彼 口 言 誑、
피 구 언 광

右手爲僞兮、
우 수 위 위 혜

시144:9

祆上帝歟、
천 상 제 여

我謳新歌、
아 구 신 가

以十弦琴歌頌爾兮、
이 십 현 금 가 송 이 혜

시144:10

爾乃拯救諸王、
이 내 증 구 제 왕

援僕大衛、
원 복 대 위

脫於兇刃兮、
탈 어 흉 인 혜

시144:11

爾其援我、
이 기 원 아

脫於外族之手、
탈 어 외 족 지 수

彼口言誑、
피 구 언 광

右手爲僞兮、○
우 수 위 위 혜

시144:12

日後我之少男、
일 후 아 지 소 남

如長成之樹、
여 장 성 지 수

我之女子、
아 지 녀 자

如屋偶之石、
여 옥 우 지 석

依宮殿之式而雕鏤
의 궁 전 지 식 이 조 루

兮、
혜

시144:13

我倉豐盈、
아 창 풍 영

可發百穀、
가 발 백 곡

我羊在野、
아 양 재 야

孳息萬千、
자 식 만 천

시144:14

我牛負重、
아 우 부 중

敵不來侵、
적 불 래 침

我不出禦、
아 불 출 어

街衢無號呼兮、
가 구 무 호 호 혜

시144:15

民際斯況、
민 제 사 황

其有福矣、
기 유 복 의

以耶和華爲袄上帝、
이 야 화 화 위 천 상 제

斯民其有福兮、
사 민 기 유 복 혜

## 詩篇第百四十五篇
시 편 제 백 사 십 오 편

大衛頌美之詞○
대 위 송 미 지 사

시145:1

我王袄上帝歟、
아 왕 천 상 제 여

我必尊崇爾、
아 필 존 숭 이

永久稱頌爾名兮、
영 구 칭 송 이 명 혜

시145:2

日稱頌爾、
일 칭 송 이

頌美爾名、
송 미 이 명

迄於永久兮、
흘 어 영 구 혜

시145:3

耶和華爲大、
야 화 화 위 대

深堪頌美、
심 감 송 미

其大莫測兮、
기 대 막 측 혜

시145:4

世世相繼、
세 세 상 계

頌讚爾經綸、
송 찬 이 경 륜

宣揚爾能事兮、
선 양 이 능 사 혜

시145:5

爾威嚴之尊榮、
이 위 엄 지 존 영

奇異之作爲、
기 이 지 작 위

我思維之兮、
아 사 유 지 혜

시145:6

人必述爾可畏之能事、
인 필 술 이 가 외 지 능 사

我必宣爾之尊大兮、
아 필 선 이 지 존 대 혜

시145:7

人必揚爾鴻慈之誌、
인 필 양 이 홍 자 지 지

歌爾公義兮、
가 이 공 의 혜

시145:8

耶和華乃仁慈矜憫、
야 화 화 내 인 자 긍 민

遲於發怒、
지 어 발 노

富有慈惠兮、
부 유 자 혜 혜

시145:9

耶和華善待萬有、
야 화 화 선 대 만 유

恩寵及於所造兮、
은 총 급 어 소 조 혜

시145:10

耶和華歟、
야 화 화 여

爾所經營、
이 소 경 영

必稱謝爾、
필 칭 사 이

爾之聖民、
이 지 성 민

咸稱頌爾兮、
함 칭 송 이 혜

시145:11

必道爾國之榮、
필 도 이 국 지 영

言爾之能兮、
언 이 지 능 혜

시145:12

俾人知爾能事、
비 인 지 이 능 사

與爾國之威榮兮、
여 이 국 지 위 영 혜

시145:13

爾國永存、
이 국 영 존

爾權萬世弗替兮、
이 권 만 세 불 체 혜

시145:14

顚仆者、
전 부 자

耶和華扶之、
야 화 화 부 지

屈抑者起之兮、
굴 억 자 기 지 혜

시145:15

衆目惟爾是望、
중 목 유 이 시 망

隨時爾給以食兮、
수 시 이 급 이 식 혜

시145:16

爾展厥手、
이 전 궐 수

以饜羣生之欲兮、
이 염 군 생 지 욕 혜

시145:17

耶和華所爲皆義、
야 화 화 소 위 개 의

所行皆仁兮、
소 행 개 인 혜

시145:18

凡呼籲耶和華、
범 호 유 야 화 화

以誠呼籲之者、
이 성 호 유 지 자

彼則近之兮、
피 즉 근 지 혜

시145:19

寅畏之者、
인 외 지 자

必成其願、
필 성 기 원

聽其呼籲、
청 기 호 유

而救之兮、
이 구 지 혜

시145:20

凡愛耶和華者、
범 애 야 화 화 자

必保佑之、
필 보 우 지

惟彼惡人、
유피악인
則滅絶之兮、
칙멸절지혜

시145:21
我口必頌美耶和華、
아구필송미야화화
願凡有血氣者、
원범유혈기자
稱頌其聖名、
칭송기성명
永世靡已兮、
영세미이혜

## 詩篇 第百四十六篇
시편 제백사십륙편

시146:1
爾其頌美耶和華、
이기송미야화화
我心頌美耶和華兮、
아심송미야화화혜

시146:2
我畢生頌美耶和華、
아필생송미야화화
我命尚在、
아명상재

必歌頌我祆上帝兮、
필 가 송 아 천 상 제 혜

시146:3

勿恃君王、
물 시 군 왕

勿倚世人、
물 의 세 인

彼莫能助兮、
피 막 능 조 혜

시146:4

其氣一絕、
기 기 일 절

歸於厥土、
귀 어 궐 토

所有圖謀、
소 유 도 모

卽日消亡兮、
즉 일 소 망 혜

시146:5

以雅各之祆上帝爲
이 아 각 지 천 상 제 위

助、
조

以其祆上帝耶和華爲
이 기 천 상 제 야 화 화 위

望、
망

斯人其有福兮、
사 인 기 유 복 혜

시146:6

彼造天地海、
피 조 천 지 해

與其中所有、
여 기 중 소 유

保守誠實、
보 수 성 실

至於永久兮、
지 어 영 구 혜

시146:7

受虐者、
수 학 자

爲之伸冤、
위 지 신 원

飢餓者、
기 아 자

給之以食、
급 지 이 식

幽囚者、
유 수 자

耶和華釋之兮、
야 화 화 석 지 혜

시146:8

蒙瞶者、
몽 귀 자

耶和華明之、
야 화 화 명 지

屈抑者、
굴 억 자

耶和華起之、
야 화 화 기 지

爲義者、
위 의 자

耶和華愛之兮、
야 화 화 애 지 혜

시146:9

耶和華保賓旅、
야 화 화 보 빈 려

扶孤寡、
부 고 과

顚倒惡人之途兮、
전 도 악 인 지 도 혜

시146:10

耶和華永遠操權、
야 화 화 영 원 조 권

郇歟、
순 여

爾之祆上帝操權、
이 지 천 상 제 조 권

迄於萬世、
흘 어 만 세

爾其頌美耶和華兮、
이 기 송 미 야 화 화 혜

## 詩篇 第百四十七篇
시 편 제 백 사 십 칠 편

시147:1

爾其頌美耶和華、
이 기 송 미 야 화 화

因歌頌我祆上帝、
인 가 송 아 천 상 제

爲善爲美、
위 선 위 미

頌美乃宜兮、
송 미 내 의 혜

시147:2

耶和華建耶路撒冷、
야 화 화 건 야 로 살 랭

集以色列驅散之民
집 이 색 열 구 산 지 민

兮、
혜

시147:3

痛心者醫之、
통심자의지

而裹其創兮、
이과기창혜

시147:4

核厥星辰、
핵궐성진

咸命以名兮、
함명이명혜

시147:5

我主爲大、
아주위대

能力最宏、
능력최굉

智慧無窮兮、
지혜무궁혜

시147:6

謙卑者、
겸비자

耶和華扶之、
야화화부지

作惡者、
작악자

傾之於地兮、
경지어지혜

시147:7

爾其謳歌、
이기구가

稱謝耶和華、
칭사야화화

鼓琴歌頌我祆上帝
고금가송아천상제

兮、
혜

시147:8

彼以雲蔽天、
피이운폐천

爲地備雨、
위지비우

使草滋長於山兮、
사초자장어산혜

시147:9

賜食於獸、
사식어수

及啼噪之鴉雛兮、
급제조지아추혜

시147:10

不喜馬力、
불희마력

不悅人股兮、
불열인고혜

시147:11

惟寅畏耶和華、
유인외야화화

仰望其慈惠者、
앙망기자혜자

乃其所悅兮、
내기소열혜

시147:12

耶路撒冷歟、
야로살랭여

頌美耶和華、
송미야화화

郇歟、
순여

頌美爾神上帝兮、
송미이전상세혜

시147:13

蓋彼固爾門楗、
개피고이문건

錫嘏爾中子女兮、
석 하 이 중 자 녀 혜

시147:14

使爾境內平康、
사 이 경 내 평 강

飫爾以嘉麥兮、
어 이 이 가 맥 혜

시147:15

其命宣傳於地、
기 명 선 전 어 지

其言頒行甚速兮、
기 언 반 행 심 속 혜

시147:16

降雪如羊毛、
강 설 여 양 모

散霜如灰塵兮、
산 상 여 회 진 혜

시147:17

擲雹如屑、
척 박 여 설

其寒孰能堪兮、
기 한 숙 능 감 혜

시147:18

降諭令其消融、
강 유 령 기 소 융

使風吹之、
사 풍 취 지

則水流蕩兮、
칙 수 류 탕 혜

시147:19

以其道示雅各、
이 기 도 시 아 각

以其典章律例、
이 기 전 장 률 례

示以色列兮、
시 이 색 열 혜

시147:20

至於他邦、
지 어 타 방

未嘗如是待之、
미 상 여 시 대 지

彼之律例、
피 지 률 례

他邦未之識、
타 방 미 지 식

爾其頌美耶和華兮、
이 기 송 미 야 화 화 혜

## 詩篇第百四十八篇
시 편 제 백 사 십 팔 편

시148:1

爾其頌美耶和華、
이 기 송 미 야 화 화

自天頌美耶和華、
자 천 송 미 야 화 화

於高處頌美之兮、
어 고 처 송 미 지 혜

시148:2

其諸使頌美之、
기 제 사 송 미 지

其諸軍頌美之、
기 제 군 송 미 지

시148:3

日月頌美之、
일 월 송 미 지

光輝之星頌美之、
광 휘 지 성 송 미 지

시148:4

天上之天、
천 상 지 천

天上之水、
천 상 지 수

咸頌美之、
함 송 미 지

시148:5

皆當頌美耶和華之名、
개 당 송 미 야 화 화 지 명

因其降諭、
인 기 강 유

咸被造兮、
함 피 조 혜

시148:6

建茲垂之永久、
건 자 수 지 영 구

定命莫能越兮、
정 명 막 능 월 혜

시148:7

自地頌美耶和華、
자 지 송 미 야 화 화

卽如海獸深淵、
즉 여 해 수 심 연

시148:8

火與雹、
화 여 박

雪與霧、
설 여 무

遵其命之狂風、
준 기 명 지 광 풍

시148:9

以及羣山諸陵、
이 급 군 산 제 릉

結實之樹、
결 실 지 수

香柏之木、
향 백 지 목

시148:10

百獸六畜、
백 수 육 축

昆蟲飛鳥、
곤 충 비 조

시148:11

地上列王、
지 상 열 왕

萬民牧伯、
만 민 목 백

世間士師、
세 간 사 사

시148:12

幼男少女、
유 남 소 녀

耆老孩提、
기 로 해 제

시148:13

皆當頌美耶和華之名、
개당송미야화화지명

以其名獨爲崇高、
이기명독위숭고

其榮超於天地兮、
기영초어천지혜

시148:14

彼爲其民、
피위기민

使角高擧、
사각고거

俾其聖民、
비기성민

卽其相親之以色列族、
즉기상친지이색열족

以爲頌美、
이위송미

爾其頌美耶和華兮、
이기송미야화화혜

詩篇第百四十九篇
시편제백사십구편

시149:1

爾其頌美耶和華、
이 기 송 미 야 화 화

向耶和華謳新歌、
향 야 화 화 구 신 가

在聖民會中、
재 성 민 회 중

歌頌之兮、
가 송 지 혜

시149:2

願以色列因造之者而
원 이 색 열 인 조 지 자 이

喜、
희

郇民因其王而樂兮、
순 민 인 기 왕 이 악 혜

시149:3

願其舞蹈、
원 기 무 도

頌美厥名、
송 미 궐 명

以鼗與琴歌頌之兮、
이 도 여 금 가 송 지 혜

시149:4

耶和華喜悅其民、
야화화희열기민

謙卑者、
겸비자

榮之以拯救兮、
영지이증구혜

시149:5

願聖民因獲
원성민인획

榮而歡忭、
영이환변

在牀歡詠兮、
재상환영혜

시149:6

願其口頌祆上帝之隆
원기구송천상제지륭

譽、
예

手執兩刃之刀兮、
수집량인지도혜

시149:7

行報復於列邦、
행보복어열방

施刑罰於衆民、
시형벌어중민

시149:8

縛其王以鏈、
박 기 왕 이 련

繫顯者以鐵索兮、
계 현 자 이 철 색 혜

시149:9

以成所錄之讞、
이 성 소 록 지 얼

凡厥聖民、
범 궐 성 민

咸有此榮、
함 유 차 영

爾其頌美
이 기 송 미

耶和華兮、
야 화 화 혜

## 詩篇第百五十篇
시 편 제 백 오 십 편

시150:1

爾其頌美耶和華、
이 기 송 미 야 화 화

在祆上帝聖所頌美
재 천 상 제 성 소 송 미

之、
지

在彰其能之穹蒼、
재 창 기 능 지 궁 창

頌美之兮、
송 미 지 혜

시150:2

緣其能事、
연 기 능 사

而頌美之、
이 송 미 지

依其高大超絕、
의 기 고 대 초 절

而頌美之兮、
이 송 미 지 혜

시150:3

當以角聲頌美之、
당 이 각 성 송 미 지

以瑟與琴頌美之兮、
이 슬 여 금 송 미 지 혜

시150:4

播鼗舞蹈頌美之、
파 도 무 도 송 미 지

以絲與竹頌美之兮、
이 사 여 죽 송 미 지 혜

시150:5

以音洪之鈸頌美之、
이 음 홍 지 발 송 미 지
以聲高之鈸頌美之
이 성 고 지 발 송 미 지
兮、
혜

시150:6
凡有生氣者、
범 유 생 기 자
其頌美耶和華、
기 송 미 야 화 화
爾其頌美耶和華兮、
이 기 송 미 야 화 화 혜

## 箴言第一章
잠 언 제 일 장

잠1:1
以色列王大衛子
이 색 열 왕 대 위 자
所羅門之箴言、
소 라 문 지 잠 언

잠1:2
使人知智與訓、
사 인 지 지 여 훈
辨悉哲言、
변 실 철 언

잠1:3

受誨於處事之明智、
수 회 어 처 사 지 명 지

及厥公義正直、
급 궐 공 의 정 직

잠1:4

使庸人得聰睿、
사 용 인 득 총 예

少者得知識與精明、
소 자 득 지 식 여 정 명

잠1:5

智者聞之增其學、
지 자 문 지 증 기 학

達者聞之正其趨、
달 자 문 지 정 기 추

잠1:6

令人通曉箴言、
령 인 통 효 잠 언

喻言、
유 언

與智者之言、
여 지 자 지 언

及其隱語、○
급 기 은 어

잠1:7

寅畏耶和華、
인 외 야 화 화

乃智慧之肇始、
내 지 혜 지 조 시

惟愚者蔑視智慧與訓
유 우 자 멸 시 지 혜 여 훈

迪、
적

잠1:8

我子、
아 자

當聽爾父之訓誨、
당 청 이 부 지 훈 회

毋棄爾母之法則、
무 기 이 모 지 법 칙

잠1:9

是爲爾首之華冠、
시 위 이 수 지 화 관

爾項之鍊索、
이 항 지 련 색

잠1:10

我子、
아 자

惡人誘爾、
악 인 유 이

勿依從之、
물 의 종 지

잠1:11

彼若曰、
피 약 왈

與我偕行、
여 아 해 행

潛伏以流人血、
잠 복 이 류 인 혈

無端隱伺無辜、
무 단 은 사 무 고

잠1:12

生呑之如陰府、
생 탄 지 여 음 부

俾其壯健入墓、
비 기 장 건 입 묘

잠1:13

必獲珍寶、
필 획 진 보

掠物盈室、
략 물 영 실

잠1:14

爾我同分、
이 아 동 분

公共一囊、
공 공 일 낭

잠1:15

我子、
아 자

行路勿與之偕、
행 로 물 여 지 해

禁足勿履其徑、
금 족 물 리 기 경

잠1:16

其足趨而行惡、
기 족 추 이 행 악

疾以流血、
질 이 류 혈

잠1:17

譬彼羽族、
비 피 우 족

目覩網羅之設、
목 도 망 라 지 설

猶不知戒、
유 불 지 계

잠1:18

斯人乃潛伏以流己
사 인 내 잠 복 이 류 기

血、
혈

隱伺以害己生、
은 사 이 해 기 생

잠1:19

凡嗜利者、
범 기 리 자

其道如是、
기 도 여 시

貪得之欲、
탐 득 지 욕

必隕其命、○
필 운 기 명

잠1:20

智慧大呼於街市、
지 혜 대 호 어 가 시

發聲於通衢、
발 성 어 통 구

잠1:21

呼於會集之首區、
호 어 회 집 지 수 구

揚言於邑門與城內、
양 언 어 읍 문 여 성 내

잠1:22

曰、
왈

樸拙者好樸拙、
박 졸 자 호 박 졸

侮慢者樂侮慢、
모 만 자 악 모 만

愚蠢者惡知識、
우 준 자 악 지 식

將至何時乎、
장 지 하 시 호

잠1:23

我加斥責、
아 가 척 책

爾當回轉、
이 당 회 전

我將以我神注爾、
아 장 이 아 신 주 이

以我言示爾、
이 아 언 시 이

잠1:24

我召爾、
아 소 이

爾弗從、
이 불 종

我伸手、
아 신 수

莫之顧、
막 지 고

잠1:25

我之規訓、
아 지 규 훈

爾蔑視之、
이 멸 시 지

我之斥責、
아 지 척 책

爾弗受之、
이 불 수 지

잠1:26

爾遭患難、
이 조 환 난

我必哂之、
아 필 신 지

爾受恐惶、
이 수 공 황

我必嗤之、
아 필 치 지

잠1:27

爾之恐惶、
이 지 공 황

如狂風之來、
여 광 풍 지 래

爾之患難、
이 지 환 난

如颶風之至、
여 구 풍 지 지

罹憂傷、
리 우 상

遇窘苦、
우 군 고

잠1:28

斯時呼籲我、
사 시 호 유 아

我弗應、
아 불 응

切尋我、
절 심 아

而弗得、
이 불 득

잠1:29

因其憎惡知識、
인 기 증 악 지 식

不喜寅畏耶和華、
불 희 인 외 야 화 화

잠1:30

不受我之規訓、
불 수 아 지 규 훈

輕忽我之斥責、
경 홀 아 지 척 책

잠1:31

故必依其所行、
고 필 의 기 소 행

而食其果、
이 식 기 과

循其所謀、
순 기 소 모

而饜其欲、
이 염 기 욕

잠1:32

樸拙者戮於却退、
박 졸 자 륙 어 각 퇴

愚蠢者滅於安逸、
우 준 자 멸 어 안 일

잠1:33

惟聽我者、
유 청 아 자

必宴然居處、
필 연 연 거 처

得享寧靜、
득 향 녕 정

不畏遭禍、
불 외 조 화

# 箴言 第二章
잠 언 제 이 장

잠2:1

我子、
아 자

爾若聽受我言、
이 약 청 수 아 언

默識我誡、
묵 식 아 계

잠2:2

傾耳以聆智慧、
경 이 이 령 지 혜

盡心以求通達、
진 심 이 구 통 달

잠2:3

呼籲明哲、
호 유 명 철

揚聲以求通達、
양 성 이 구 통 달

잠2:4

尋之如銀、
심 지 여 은

索之如寶、
색 지 여 보

잠2:5

則必知寅畏耶和華、
칙 필 지 인 외 야 화 화

得識祆上帝、
득 식 천 상 제

잠2:6

蓋耶和華錫予智慧、
개 야 화 화 석 여 지 혜

知識通明、
지 식 통 명

出於其口、
출 어 기 구

잠2:7

爲正直者蓄眞智、
위 정 직 자 축 진 지

爲行端者之盾干、
위 행 단 자 지 순 간

잠2:8

守公平之道、
수 공 평 지 도

衛聖民之途、
위 성 민 지 도

잠2:9

爾則達義理、
이 즉 달 의 리

公平正直、
공 평 정 직

及諸善路、
급 제 선 로

잠2:10

蓋智慧將入爾心、
개 지 혜 장 입 이 심

知識將悅爾魂、
지 식 장 열 이 혼

잠2:11

精明必衛爾、
정 명 필 위 이

通達必保爾、
통 달 필 보 이

잠2:12

援爾於惡者之道、
원 이 어 악 자 지 도

脫出詞乖謬之人、
탈 출 사 괴 류 지 인

잠2:13

若輩離乎正路、
약 배 리 호 정 로

行於暗途、
행 어 암 도

잠2:14

喜於作惡、
희 어 작 악

悅惡者之乖戾、
열 악 자 지 괴 려

잠2:15

其途邪曲、
기 도 사 곡

其徑偏僻、
기 경 편 벽

잠2:16

維彼智慧、
유 피 지 혜

必援爾於淫婦、
필 원 이 어 음 부

卽諂言之外婦、
즉 천 언 지 외 부

잠2:17

彼乃遺棄少時之偶、
피 내 유 기 소 시 지 우

忘其祆上帝之約、
망 기 천 상 제 지 약

잠2:18

其室陷於死域、
기 실 함 어 사 역

其途歸於幽魂、
기 도 귀 어 유 혼

잠2:19

凡詣之者、
범 예 지 자

不復旋返、
불 복 선 반

不得生路、
불 득 생 로

잠2:20

維彼智慧、
유 피 지 혜

俾爾行善人之途、
비 이 행 선 인 지 도

守義人之徑、
수 의 인 지 경

잠2:21

正人必居於大地、
정 인 필 거 어 대 지

完人恆存於寰區、
완 인 긍 존 어 환 구

잠2:22

惟惡者被絕、
유 악 자 피 절

譎者見拔於其中、
휼 자 견 발 어 기 중

箴言第三章
잠 언 제 삼 장

잠3:1

我子、
아 자

勿忘我教、
물 망 아 교

恪守我誡、
각 수 아 계

잠3:2

則必增爾年日、
칙 필 증 이 년 일

加爾平康、
가 이 평 강

잔3:3

勿容仁慈誠實去爾、
물 용 인 자 성 실 거 이

當繫之於頸項、
당 계 지 어 경 항

銘之於心版、
명 지 어 심 판

잠3:4

則於祆上帝世人前、
칙 어 천 상 제 세 인 전

蒙恩寵、
몽 은 총

得名譽、
득 명 예

잠3:5

一心賴耶和華、
일 심 뢰 야 화 화

勿恃己之明哲、
물 시 기 지 명 철

잠3:6

凡事認之、
범 사 인 지

彼必平直爾途、
피 필 평 직 이 도

잠3:7

勿自以爲智、
물 자 이 위 지

當寅畏耶和華、
당 인 외 야 화 화

而離乎惡、
이 리 호 악

잠3:8

則療治爾身、
칙 료 치 이 신

潤澤爾骨、
윤 택 이 골

잠3:9

以爾資財、
이 이 자 재

及所產之初實、
급 소 산 지 초 실

尊榮耶和華、
존 영 야 화 화

잠3:10

則爾倉豐盈、
칙 이 창 풍 영

酒醉之新釀流溢、○
주 자 지 신 양 류 일

잠3:11

我子、
아 자

勿輕耶和華之懲罰、
물 경 야 화 화 지 징 벌

勿厭其譴責、
물 염 기 견 책

잠3:12

蓋耶和華責其所愛、
개 야 화 화 책 기 소 애

如父於其所悅之子、
여 부 어 기 소 열 지 자

잠3:13

獲智慧、
획 지 혜

得明哲者、
득 명 철 자

其人福矣、
기 인 복 의

잠3:14

得之愈於得銀、
득 지 유 어 득 은

其利愈於精金、
기 리 유 어 정 금

잠3:15

貴於珍珠、
귀 어 진 주

凡可慕者、
범 가 모 자

無足比擬、
무 족 비 의

잠3:16

右持壽考、
우 지 수 고

左執富貴、
좌 집 부 귀

잠3:17

其道安樂、
기 도 안 악

其徑平康、
기 경 평 강

잠3:18

持之者以爲生命之
지 지 자 이 위 생 명 지

樹、
수

守之者咸有福祉、
수 지 자 함 유 복 지

잠3:19

耶和華以智慧奠地、
야 화 화 이 지 혜 전 지

以明哲建天、
이 명 철 건 천

잠3:20

以其知識俾深淵坼
이 기 지 식 비 심 연 탁

裂、
렬

雲霄滴露、○
운 소 적 로

잠3:21

我子、
아 자

持守眞智精明、
지 수 진 지 정 명

顧諟弗失、
고 시 불 실

잠3:22

此爲爾魂之生、
차 위 이 혼 지 생

爾項之飾、
이 항 지 식

잠3:23

爾則安然行路、
이 즉 안 연 행 로

足不顚蹶、
족 불 전 궐

잠3:24

偃臥無懼、
언 와 무 구

酣然而睡、
감 연 이 수

잠3:25

恐怖忽至爾勿懼、
공 포 홀 지 이 물 구

惡人遭風爾勿驚、
악 인 조 풍 이 물 경

잠3:26

蓋耶和華爲爾所恃、
개 야 화 화 위 이 소 시

必佑爾足、
필 우 이 족

免於羅陷、
면 어 리 함

잠3:27

當善待者、
당 선 대 자

爾力能爲、
이 력 능 위

則勿謝卻、
직 불 사 각

잠3:28

爾有其物、
이 유 기 물

勿語鄰曰、
물 어 린 왈

且去、
차 거

明日復來、
명 일 복 래

我以予爾、
아 이 여 이

잠3:29

爾鄰附爾安居、
이 린 부 이 안 거

勿謀害之、
물 모 해 지

잠3:30

人未加害於爾、
인 미 가 해 어 이

勿無端與之爭、
물 무 단 여 지 쟁

잠3:31

勿嫉强暴、
물 질 강 폭

勿擇其途、
물 택 기 도

잠3:32

蓋乖戾者爲耶和華所
개 괴 려 자 위 야 화 화 소

惡、
악

正直者爲其所契、
정 직 자 위 기 소 계

잠3:33

耶和華詛惡者之家、
야 화 화 저 악 자 지 가

錫嘏義者之室、
석 하 의 자 지 실

잠3:34

加侮慢於侮慢者、
가 모 만 어 모 만 자

施恩寵於謙遜者、
시 은 총 어 겸 손 자

잠3:35

智者必得其榮、
지 자 필 득 기 영

愚者之升爲辱、
우 자 지 승 위 욕

## 箴言第四章
잠 언 제 사 장

잠4:1

諸子、
제 자

宜聽父訓、
의 청 부 훈

務識明哲、
무 식 명 철

잠4:2

我以善道錫爾、
아 이 선 도 석 이

勿棄我之法則、
물 기 아 지 법 칙

잠4:3

昔我在父前爲佳兒、
석 아 재 부 전 위 가 아

我母視我幼稚、
아 모 시 아 유 치

獨爲可愛、
독 위 가 애

잠4:4

父誨我曰、
부 회 아 왈

爾心其識我言、
이 심 기 식 아 언

遵守我命、
준 수 아 명

則 可 得 生、
칙 가 득 생

잠4:5

當 得 智 慧、
당 득 지 혜

宜 獲 明 哲、
의 획 명 철

我 口 所 言、
아 구 소 언

勿 忘 勿 違、
물 망 물 위

잠4:6

勿 棄 智 慧、
물 기 지 혜

彼 將 保 爾、
피 장 보 이

當 愛 智 慧、
당 애 지 혜

彼 將 衛 爾、
피 장 위 이

잠4:7

智 慧 乃 爲 首 務、
지 혜 내 위 수 무

爾 其 得 之、
이 기 득 지

罄爾所有、
경 이 소 유

以易明哲、
이 역 명 철

잠4:8

崇尚之、
숭 상 지

則使爾升高、
칙 사 이 승 고

懷抱之、
회 포 지

則使爾尊榮、
칙 사 이 존 영

잠4:9

彼將冠爾以華冠、
피 장 관 이 이 화 관

付爾以榮冕、○
부 이 이 영 면

잠4:10

我子、
아 자

聽受我言、
청 수 아 언

則享遐齡、
칙 향 하 령

잠4:11

我曾示爾以智慧之
아 증 시 이 이 지 혜 지

路、
로

導爾以正直之徑、
도 이 이 정 직 지 경

잠4:12

爾行之、
이 행 지

步履不至跼蹐、
보 리 불 지 국 척

疾趨不至顚蹶、
질 추 불 지 전 궐

잠4:13

堅持訓誨、
견 지 훈 회

謹守勿失、
근 수 물 실

是爲爾之生命、
시 위 이 지 생 명

잠4:14

惡人之途勿入、
악 인 지 도 물 입

妄人之路勿履、
망 인 지 로 물 리

잠4:15

避之勿由、
피 지 물 유

遠之而去、
원 지 이 거

잠4:16

蓋彼未行惡則不眠、
개 피 미 행 악 칙 불 면

未傾人則廢寢、
미 경 인 칙 폐 침

잠4:17

食邪慝之餅、
식 사 특 지 병

飮强暴之酒、
음 강 폭 지 주

잠4:18

義者之道、
의 자 지 도

有若朝暉、
유 약 조 휘

愈升愈明、
유 승 유 명

迨至中午、
태 지 중 오

잠4:19

惡者之途、
악 자 지 도

有若幽暗、
유 약 유 암

遭遇顚躓、
조 우 전 지

不知何因、○
불 지 하 인

잠4:20

我子、
아 자

注意我言、
주 의 아 언

傾聽我語、
경 청 아 어

잠4:21

勿去之於日、
물 거 지 어 일

當存之於心、
당 존 지 어 심

잠4:22

蓋獲之者則得生命、
개 획 지 자 칙 득 생 명

全體舒暢、
전 체 서 창

잠4:23

謹守乃心、
근 수 내 심

是爲生命之源、
시 위 생 명 지 원

잠4:24

絕邪僻於口、
절 사 벽 어 구

屛乖謬於脣、
병 괴 류 어 순

잠4:25

目當直視、
목 당 직 시

惟前是瞻、
유 전 시 첨

잠4:26

坦平爾步履、
탄 평 이 보 리

穩固爾道途、
온 고 이 도 도

잠4:27

勿偏左右、
물 편 좌 우

移爾足遠於惡、
이 이 족 원 어 악

箴言第五章
잠 언 제 오 장

잠5:1
我子、
아 자
注意我之智慧、
주 의 아 지 지 혜
傾聽我之明哲、
경 청 아 지 명 철

잠5:2
致爾謹守精明、
치 이 근 수 정 명
口存知識、
구 존 지 식

잠5:3
惟彼淫婦、
유 피 음 부
脣如滴蜜、
순 여 적 밀
口滑於油、
구 활 어 유

잠5:4

終則苦若茵蔯、
종 칙 고 약 인 진

利如刀劍、
리 여 도 검

잠5:5

其足下及死域、
기 족 하 급 사 역

其步臨於陰府、
기 보 림 어 음 부

잠5:6

生命坦途、
생 명 탄 도

彼不之得、
피 불 지 득

其經靡常、
기 경 미 상

彼不自知、
피 불 자 지

잠5:7

諸子宜聽、
제 자 의 청

勿違我口所言、
물 위 아 구 소 언

잠5:8

爾行宜遠之、
이 행 의 원 지

勿近其室門、
물 근 기 실 문

잠5:9

免爾尊榮畀他人、
면 이 존 영 비 타 인

歲月供殘暴、
세 월 공 잔 포

잠5:10

資財充於外人、
자 재 충 어 외 인

辛勞歸於他家、
신 로 귀 어 타 가

잠5:11

終則形銷體敗、
종 칙 형 소 체 패

難免咨嗟、
난 면 지 차

잠5:12

乃曰、
내 왈

我何恨惡訓誨、
아 하 한 악 훈 회

心輕斥責、
심 경 척 책

잠5:13

不從師言、
불 종 사 언

不聽傅訓、
불 청 부 훈

잠5:14

於羣衆大會中、
어 군 중 대 회 중

幾干諸咎、
기 간 제 구

잠5:15

當飮己池之水、
당 음 기 지 지 수

飮己井之活水、
음 기 정 지 활 수

잠5:16

爾泉豈可外溢、
이 천 기 가 외 일

爾溪豈可流入街衢、
이 계 기 가 류 입 가 구

잠5:17

當獨爲己有、
당 독 위 기 유

不公諸外人、
불 공 제 외 인

잠5:18
俾爾泉蒙福、
비 이 천 몽 복
樂爾少時之妻、
악 이 소 시 지 처

잠5:19
視如馴鹿、
시 여 순 록
可悅之麀、
가 열 지 우
恆饜於其懷、
긍 염 어 기 회
永戀乎其愛、
영 련 호 기 애

잠5:20
我子、
아 자
胡爲眷戀淫婦、
호 위 권 련 음 부
擁抱外婦、
옹 포 외 부

잠5:21

蓋人之途、
개 인 지 도

在耶和華目前、
재 야 화 화 목 전

其經爲彼所治、
기 경 위 피 소 치

잠5:22

惡者必爲己惡所拘、
악 자 필 위 기 악 소 구

己罪所縛、
기 죄 소 박

잠5:23

緣缺訓誨、
연 결 훈 회

必致死亡、
필 치 사 망

因其愚甚、
인 기 우 심

必入歧途、
필 입 기 도

## 箴言第六章
잠 언 제 륙 장

잠6:1

我子、
아 자

爾若爲鄰作保、
이 약 위 린 작 보

爲人拊掌、
위 인 부 장

잠6:2

則爲爾口所陷、
칙 위 이 구 소 함

爾言所執、
이 언 소 집

잠6:3

我子、
아 자

旣入鄰之掌握、
기 입 린 지 장 악

當行此以自救、
당 행 차 이 자 구

速往懇求其人、
속 왕 간 구 기 인

잠6:4

勿閉目而寢、
물 폐 목 이 침

勿合睫而眠、
물 합 첩 이 면

잠6:5

尚其自救、
상 기 자 구

如麞脫獵、
여 장 탈 렵

如鳥脫捕、
여 조 탈 포

잠6:6

怠惰者歟、
태 타 자 여

往視厥蟻、
왕 시 궐 의

察其所爲、
찰 기 소 위

可得智慧、
가 득 지 혜

잠6:7

彼雖無帥、
피 수 무 수

無督無長、
무 독 무 장

잠6:8

夏時備食、
하 시 비 식

穡時斂糧、
색 시 렴 량

잠6:9

怠惰者歟、
태 타 자 여

偃臥何其久、
언 와 하 기 구

寢睡何時興、
침 수 하 시 흥

잠6:10

再寢片時、
재 침 편 시

又睡片時、
우 수 편 시

叉手偃臥片時、
차 수 언 와 편 시

잠6:11

則爾貧窮之來如盜
칙 이 빈 궁 지 래 여 도

賊、
적

匱乏之至如兵士、 ○
궤 핍 지 지 여 병 사

잠6:12

言行乖謬、
언 행 괴 류

乃無賴之惡徒、
내 무 뢰 지 악 도

잠6:13

以目致意、
이 목 치 의

以足傳情、
이 족 전 정

以指指揮、
이 지 지 휘

잠6:14

中心乖戾、
중 심 괴 려

恆謀邪惡、
긍 모 사 악

播厥爭端、
파 궐 쟁 단

잠6:15

故其災害突至、
고 기 재 해 돌 지

勿遭摧折、
물 조 최 절

無術補救、
무 술 보 구

잠6:16

耶和華所惡者有六、
야 화 화 소 악 자 유 육

所憎者有七、
소 증 자 유 칠

잠6:17

卽目傲舌謊、
즉 목 오 설 황

手流無辜之血、
수 류 무 고 지 혈

잠6:18

心圖惡謀、
심 도 악 모

足趨邪慝、
족 추 사 특

잠6:19

發誑言而妄證、
발 광 언 이 망 증

於昆弟播爭端、 ○
어 곤 제 파 쟁 단

잠6:20

我子、
아 자

當守父命、
당 수 부 명

勿棄母教、
물 기 모 교

잠6:21
恆結之於心、
긍 결 지 어 심
繫之於項、
계 지 어 항

잠6:22
行時則導爾、
행 시 칙 도 이
臥時則衛爾、
와 시 칙 위 이
寤時則語爾、
오 시 칙 어 이

잠6:23
蓋其誡爲燈、
개 기 계 위 등
其教爲光、
기 교 위 광
訓誨之譴責、
훈 회 지 견 책
爲生命之路、
위 생 명 지 로

잠6:24

保爾脫於惡婦、
보 이 탈 어 악 부

免於外婦諂媚之舌、
면 어 외 부 첨 미 지 설

잠6:25

爾心勿戀其美色、
이 심 물 련 기 미 색

勿爲其眉睫所誘、
물 위 기 미 첩 소 유

잠6:26

人因妓女之故、
인 인 기 녀 지 고

僅餘片餠、
근 여 편 병

淫婦獵取寶貴之命、
음 부 렵 취 보 귀 지 명

잠6:27

懷抱炎火、
회 포 염 화

衣豈不焚、
의 기 불 분

잠6:28

經行爇炭、
경 행 설 탄

足豈不灼、
족 기 불 작

잠6:29

暱鄰妻者亦如是、
닐 린 처 자 역 여 시

凡捫之者、
범 문 지 자

不爲無罪、
불 위 무 죄

잠6:30

盜若因餓、
도 약 인 아

竊物充飢、
절 물 충 기

人不之鄙、
인 불 지 비

잠6:31

倘其被獲、
당 기 피 획

必償七倍、
필 상 칠 배

罄厥家貲、
경 궐 가 자

잠6:32

淫人妻者、
음 인 처 자

乃乏知識、
내 핍 지 식

凡行此者、
범 행 차 자

必喪己命、
필 상 기 명

잠6:33

受傷受辱、
수 상 수 욕

其恥莫能拭、
기 치 막 능 식

잠6:34

蓋人因嫉生怒、
개 인 인 질 생 노

報復之日、
보 복 지 일

必不寬宥、
필 불 관 유

잠6:35

不顧贖金、
불 고 속 금

雖多饋之、
수 다 궤 지

猶不滿意、
유 불 만 의

# 箴言第七章
잠 언 제 칠 장

잠7:1

我子、
아 자

宜守我言、
의 수 아 언

衷藏我命、
충 장 아 명

잠7:2

守我命而得生、
수 아 명 이 득 생

守我教如眸子、
수 아 교 여 모 자

잠7:3

繫於指端、
계 어 지 단

銘於心版、
명 어 심 판

잠7:4

謂智慧曰、
위 지 혜 왈

爾爲我姊妹、
이 위 아 자 매

稱明哲爲眷屬、
칭 명 철 위 권 속

잠7:5

保爾脫於淫婦、
보 이 탈 어 음 부

遠諂言之外婦、
원 첨 언 지 외 부

잠7:6

昔我在室臨牖、
석 아 재 실 림 유

自櫺而觀、
자 령 이 관

잠7:7

見樸拙少年中、
견 박 졸 소 년 중

有一乏知識者、
유 일 핍 지 식 자

잠7:8

經行於衢、
경 행 어 구

近淫婦之巷隅、
근 음 부 지 항 우

而詣其室、
이 예 기 실

잠7:9

或薄暮黃昏、
혹 박 모 황 혼

或中夜幽暗、
혹 중 야 유 암

잠7:10

有婦相迎、
유 부 상 영

妓妝心譎、
기 장 심 휼

잠7:11

喧呶不羈、
훤 노 불 기

其足弗安於室、
기 족 불 안 어 실

잠7:12

時而在衢、
시 이 재 구

時而在市、
시 이 재 시

或潛伏於諸隅、
혹 잠 복 어 제 우

잠7:13

乃摟少者、
내 루 소 자

與之接吻、
여 지 접 문

面無愧色、
면 무 괴 색

잠7:14

曰、
왈

我今日償願、
아 금 일 상 원

有酬恩祭品、
유 수 은 제 품

잠7:15

故出迎爾、
고 출 영 이

急欲晤面、
급 욕 우 면

玆得相遇、
자 득 상 우

잠7:16

我之牀榻、
아 지 상 탑

鋪以裀褥、
포 이 인 욕

曁厥繡裯、
기 궐 수 주

其線出自埃及、
기 선 출 자 애 급

잠7:17

已以沒藥、
이 이 몰 약

沈香桂皮、
침 향 계 피

薰我牀笫、
훈 아 상 자

잠7:18

其來、
기 래

爾我飽享愛情、
이 아 포 향 애 정

迄於詰朝、
흘 어 힐 조

以愛情相慰藉、
이 애 정 상 위 자

잠7:19

男人去家、
남 인 거 가

行於遠道、
행 어 원 도

잠7:20

手執銀囊、
수 집 은 낭

望日方歸、
망 일 방 귀

잠7:21

婦頻以婉言誘之、
부 빈 이 완 언 유 지

以諂言強之、
이 첨 언 강 지

잠7:22

乃急從之、
내 급 종 지

如牛就屠、
여 우 취 도

如愚者受懲於縲絏、
여 우 자 수 징 어 류 설

잠7:23

至於矢刺其肝、
지 어 시 자 기 간

如鳥亟於投網、
여 조 극 어 투 망

不知性命攸關、
불 지 성 명 유 관

잠7:24

諸子其聽我、
제 자 기 청 아

聆我口所言、
령 아 구 소 언

잠7:25

爾心勿偏於其途、
이 심 물 편 어 기 도

勿迷於其徑、
물 미 어 기 경

잠7:26

蓋彼所傷而仆者孔
개 피 소 상 이 부 자 공

多、
다

所殺者甚衆、
소 살 자 심 중

잠7:27

其家爲陰府之路、
기 가 위 음 부 지 로

下及死亡之室、
하 급 사 망 지 실

## 箴言 第八章
잠 언 제 팔 장

잠8:1

智慧非呼召、
지 혜 비 호 소

明哲非發聲乎、
명 철 비 발 성 호

잠8:2

立於路旁之阜上、
립 어 로 방 지 부 상

四達之衢中、
사 달 지 구 중

잠8:3

在於邑門、
재 어 읍 문

入邑之區、
입 읍 지 구

月城之場、
월 성 지 장

大聲呼曰、
대 성 호 왈

잠8:4

人歟、
인 여

我向爾曹呼召、
아 향 이 조 호 소

我向世人揚聲、
아 향 세 인 양 성

잠8:5

爾曹庸人、
이 조 용 인

當知聽睿、
당 지 청 예

愚者心宜通明、
우 자 심 의 통 명

잠8:6

我言殊善、
아 언 수 선

啟口皆正、
계 구 개 정

爾其聽之、
이 기 청 지

잠8:7

我口出眞誠、
아 구 출 진 성

我脣絕邪惡、
아 순 절 사 악

잠8:8

我口所言皆義、
아 구 소 언 개 의

無邪曲、
무 사 곡

無乖謬、
무 괴 류

잠8:9

通達者以爲明晰、
통 달 자 이 위 명 석

有識者以爲正直、
유 식 자 이 위 정 직

잠8:10

寧受我訓、
녕 수 아 훈

不受白銀、
불 수 백 은

宜得知識、
의 득 지 식

勝於精金、
승 어 정 금

잠8:11

蓋智慧愈於珍珠、
개 지 혜 유 어 진 주

凡可慕者、
범 가 모 자

無足比擬、
무 족 비 의

잠8:12

維我智慧、
유 아 지 혜

以聰明爲居所、
이 총 명 위 거 소

考究知識精明、
고 구 지 식 정 명

잠8:13

寅畏耶和華、
인 외 야 화 화

在於惡惡、
재 어 악 악

驕慢狂妄、
교 만 광 망

惡行謬口、
악 행 류 구

我皆惡之、
아 개 악 지

잠8:14

我有良謀眞智、
아 유 량 모 진 지

我乃明哲、
아 내 명 철

我具能力、
아 구 능 력

잠8:15

列王恃我秉鈞、
열 왕 시 아 병 균

牧伯恃我宣義、
목 백 시 아 선 의

잠8:16

侯伯顯貴、
후 백 현 귀

世上士師、
세 상 사 사

恃我操權、
시 아 조 권

잠8:17

愛我者、
애 아 자

我亦愛之、
아 역 애 지

勤求我者、
근 구 아 자

則必得之、
즉 필 득 지

잠8:18

豐富尊榮與我偕、
풍 부 존 영 여 아 해

恆產公義與我俱、
긍 산 공 의 여 아 구

잠8:19

我之果實、
아 지 과 실

愈於黃金精金、
유 어 황 금 정 금

我之出產、
아 지 출 산

愈於佳銀、
유 어 가 은

잠8:20

我行於公義之途、
아 행 어 공 의 지 도

履於公平之徑、
리 어 공 평 지 경

잠8:21

使愛我者得厥貨財、
사 애 아 자 득 궐 화 재

充其府庫、 ○
충 기 부 고

잠8:22

耶和華造我、
야 화 화 조 아

在其經營之始、
재 기 경 영 지 시

古昔造化之先、
고 석 조 화 지 선

잠8:23

自永古、
자 영 고

自元始、
자 원 시

於地未有之先、
어 지 미 유 지 선

我已被建、
아 이 피 건

잠8:24

未有深淵、
미 유 심 연

未有湧泉、
미 유 용 천

我已生焉、
아 이 생 언

잠8:25

山嶽未奠、
산 악 미 전

岡陵未有、
강 릉 미 유

잠8:26

大地田野、
대 지 전 야

世之土壤、
세 지 토 양

尚未締造、
상 미 체 조

我已在焉、
아 이 재 언

잠8:27

祆上帝建立諸天、
천 상 제 건 립 제 천

使穹蒼環海面、
사 궁 창 환 해 면

我已在焉、
아 이 재 언

잠8:28

上堅霄漢、
상 견 소 한

下固淵泉、
하 고 연 천

잠8:29

定海之界、
정 해 지 계

使水不違其命、
사 수 불 위 기 명

建立大地之基、
건 립 대 지 지 기

잠8:30

斯時也、
사 시 야

我與之俱、
아 여 지 구

爲其工師、
위 기 공 사

日爲所悅、
일 위 소 열

恆歡忭於其前、
긍 환 변 어 기 전

잠8:31

且歡忭於塵寰、
차 환 변 어 진 환

樂與世人相偕、○
악 여 세 인 상 해

잠8:32

諸子聽我、
제 자 청 아

守我道者、
수 아 도 자

其有福矣、
기 유 복 의

잠8:33

聽訓勿違、
청 훈 물 위

而得智慧、
이 득 지 혜

잠8:34

聽從我言、
청 종 아 언

日伺我門、
일 사 아 문

侍於門柱、
시 어 문 주

其有福矣、
기 유 복 의

잠8:35

得我者則得生、
득 아 자 칙 득 생

並蒙耶和華之恩寵、
병 몽 야 화 화 지 은 총

잠8:36

失我者乃戕己命、
실 아 자 내 장 기 명

憾我者咸愛死亡、
감 아 자 함 애 사 망

# 箴 言 第 九 章
잠 언 제 구 장

잠9:1

智 慧 建 室、
지 혜 건 실

鑿 其 七 柱、
착 기 칠 주

잠9:2

宰 畜 調 酒、
재 축 조 주

肆 筵 設 席、
사 연 설 석

잠9:3

遣 婢 速 客、
견 비 속 객

己 於 邑 之 高 處 呼 曰、
기 어 읍 지 고 처 호 왈

잠9:4

誰 爲 庸 人、
수 위 용 인

可 轉 而 入 此、
가 전 이 입 차

잠9:5

謂 無 知 者 曰、
위 무 지 자 왈

來食我餅、
래 식 아 병

飮我所調之酒、
음 아 소 조 지 주

잠9:6

維爾庸人、
유 이 용 인

離庸愚、
리 용 우

得生存、
득 생 존

行於明哲之路、○
행 어 명 철 지 로

잠9:7

責侮慢者、
책 모 만 자

自招詆毁、
자 초 저 훼

斥邪惡者、
척 사 악 자

自取玷污、
자 취 점 오

잠9:8

勿責侮慢者、
물 책 모 만 자

恐其憾爾、
공 기 감 이

宜責智慧者、
의 책 지 혜 자

彼乃愛爾、
피 내 애 이

잠9:9

訓迪智人、
훈 적 지 인

其智必益、
기 지 필 익

教誨義人、
교 회 의 인

其學必進、
기 학 필 진

잠9:10

寅畏耶和華、
인 외 야 화 화

爲智慧之肇始、
위 지 혜 지 조 시

識聖者爲明哲、
식 성 자 위 명 철

잠9:11

蓋由於我、
개 유 어 아

加爾時日、
가이시일
增爾年齡、
증이년령

잠9:12
若爾有智、
약이유지
爲己有之、
위기유지
若爾侮慢、
약이모만
一己承之、 ○
일기승지

잠9:13
愚婦喧呶、
우부훤노
庸愚無知、
용우무지

잠9:14
在其室門之前、
재기실문지전
坐於邑中高阜之座、
좌어읍중고부지좌

잠9:15

路人徑行其道、
로 인 경 행 기 도

則呼之曰、
즉 호 지 왈

잠9:16

誰爲庸人、
수 위 용 인

可轉而入此、
가 전 이 입 차

잠9:17

謂無知者曰、
위 무 지 자 왈

竊取之水乃甘、
절 취 지 수 내 감

暗食之餅有味、
암 식 지 병 유 미

잠9:18

惟其人不知幽魂在
유 기 인 부 지 유 혼 재

此、
차

其客在陰府之深處、
기 객 재 음 부 지 심 처

## 箴言第十章
잠 언 제 십 장

잠10:1

所羅門之箴言、○
소 라 문 지 잠 언

智子令父喜樂、
지 자 령 부 희 악

愚子爲母憂戚、
우 자 위 모 우 척

잠10:2

積財非義、
적 재 비 의

無所裨益、
무 소 비 익

惟義拯人於死、
유 의 증 인 어 사

잠10:3

耶和華不任義者受
야 화 화 불 임 의 자 수

餒、
뇌

不使惡者遂欲、
불 사 악 자 수 욕

잠10:4

手惰者致貧、
수 타 자 치 빈

手勤者致富、
수 근 자 치 부

잠10:5

夏時而斂者乃智子、
하 시 이 렴 자 내 지 자

穡時而寢者乃辱子、
색 시 이 침 자 내 욕 자

잠10:6

福祉臨於義者之首、
복 지 림 어 의 자 지 수

殘暴藏於惡者之口、
잔 폭 장 어 악 자 지 구

잠10:7

義者之誌得頌、
의 자 지 지 득 송

惡者之名必朽、
악 자 지 명 필 후

잠10:8

心慧者必受命令、
심 혜 자 필 수 명 령

口愚者必致傾覆、
구 우 자 필 치 경 복

잠10:9

履正直者、
리 정 직 자

其行穩固、
기 행 온 고

從邪曲者、
종 사 곡 자

必致敗露、
필 치 패 로

잠10:10

以目示意、
이 목 시 의

必生憂患、
필 생 우 환

口愚之輩、
구 우 지 배

必致傾覆、
필 치 경 복

잠10:11

義者之口、
의 자 지 구

乃生命之源、
내 생 명 지 원

惡者之口、
악 자 지 구

乃殘暴所藏、
내 잔 폭 소 장

잠10:12

憾恨啟釁隙、
감 한 계 흔 극

仁愛蓋罪愆、
인 애 개 죄 건

잠10:13

具明哲者、
구 명 철 자

口有智慧、
구 유 지 혜

乏知識者、
핍 지 식 자

背受杖責、
배 수 장 책

잠10:14

智人積存知識、
지 인 적 존 지 식

愚者之口、
우 자 지 구

臨於敗亡、
림 어 패 망

잠10:15

富人之貨財、
부 인 지 화 재

爲其堅城之衛、
위 기 견 성 지 위

貧者之窮乏、
빈 자 지 궁 핍

乃其敗亡之由、
내 기 패 망 지 유

잠10:16
義者之勞力乃致生、
의 자 지 로 력 내 치 생

惡者之出產乃致罪、
악 자 지 출 산 내 치 죄

잠10:17
守訓誨者、
수 훈 회 자

履於生路、
리 어 생 로

違斥責者、
위 척 책 자

迷於歧途、
미 어 기 도

잠10:18
匿怨者口言誑、
닉 원 자 구 언 광

讒謗者爲愚人、
참 방 자 위 우 인

잠10:19

多言難免咎戾、
다 언 난 면 구 려

緘口乃爲明智、
함 구 내 위 명 지

잠10:20

義者之舌、
의 자 지 설

有如佳銀、
유 여 가 은

惡者之心、
악 자 지 심

所値無幾、
소 치 무 기

잠10:21

義者之脣、
의 자 지 순

以育衆庶、
이 육 중 서

愚者乏識、
우 자 핍 식

陷於死亡、
함 어 사 망

잠10:22

耶和華之錫嘏、
야 화 화 지 석 하

令人富厚、
령 인 부 후

不加憂傷、
불 가 우 상

잠10:23

愚蠢者戲行邪惡、
우 준 자 희 행 사 악

明哲者乃樂智慧、
명 철 자 내 악 지 혜

잠10:24

惡者所懼必臨之、
악 자 소 구 필 림 지

義者所欲必允之、
의 자 소 욕 필 윤 지

잠10:25

狂風驟過、
광 풍 취 과

惡者烏有、
악 자 오 유

惟彼義者、
유 피 의 자

其基永存、
기 기 영 존

잠10:26

怠惰之流、
태 타 지 류

於使之者、
어 사 지 자

如醯在齒、
여 혜 재 치

如烟在目、
여 연 재 목

잠10:27

寅畏耶和華、
인 외 야 화 화

必益其壽命、
필 익 기 수 명

惟彼惡者、
유 피 악 자

必夭其天年、
필 요 기 천 년

잠10:28

義人之望、
의 인 지 망

必致喜樂、
필 치 희 악

惡者之冀、
악 자 지 기

必至敗亡、
필지패망

잠10:29
耶和華之道、
야화화지도
於正直者爲保障、
어정직자위보장
於作惡者爲毀滅、
어작악자위훼멸

잠10:30
義者永不遷移、
의자영불천이
惡者不得居於地上、
악자불득거어지상

잠10:31
義者之口、
의자지구
乃生智慧、
내생지혜
乖謬之舌、
괴류지설
必被斷絕、
필피단절

잠10:32

義者之脣、
의 자 지 순

知所悅人、
지 소 열 인

惡者之口、
악 자 지 구

惟出乖謬、
유 출 괴 류

## 箴言 第十一章
잠 언 제 십 일 장

잠11:1

詐僞之衡、
사 위 지 형

爲耶和華所惡、
위 야 화 화 소 악

公平之石、
공 평 지 석

爲其所悅、
위 기 소 열

잠11:2

驕矜旣至、
교 긍 기 지

恥辱亦至、
치 욕 역 지

惟謙卑者、
유 겸 비 자

智慧與俱、
지 혜 여 구

잠11:3

正直者、
정 직 자

其眞誠必導之、
기 진 성 필 도 지

奸詐者、
간 사 자

其乖戾必敗之、
기 괴 려 필 패 지

잠11:4

震怒之日、
진 노 지 일

資財無益、
자 재 무 익

惟義拯人於死、
유 의 증 인 어 사

잠11:5

完人之義、
완 인 지 의

平直其途、
평 직 기 도

惡者因己惡而顚覆、
악 자 인 기 악 이 전 복

잠11:6

正直者、
정 직 자

其義必救之、
기 의 필 구 지

奸詐者、
간 사 자

其惡必陷之、
기 악 필 함 지

잠11:7

惡人旣死、
악 인 기 사

所冀俱絕、
소 기 구 절

罪人之望、
죄 인 지 망

歸於烏有、
귀 어 오 유

잠11:8

義者得脫於難、
의 자 득 탈 어 난

惡者從而代之、
악 자 종 이 대 지

잠11:9

不虔者以口舌害鄰
불 건 자 이 구 설 해 린

里、
리

惟義人因知識得救
유 의 인 인 지 식 득 구

援、
원

잠11:10

義者亨通、
의 자 형 통

舉邑欣悅、
거 읍 흔 열

惡者淪喪、
악 자 륜 상

歡聲沸騰、
환 성 비 등

잠11:11

維彼城邑、
유 피 성 읍

以正直者之祝而振
이 정 직 자 지 축 이 진

興、
흥

因邪惡者之
인 사 악 자 지
口而傾覆、
구 이 경 복

잠11:12

蔑鄰者無知、
멸 린 자 무 지
通達者緘口、
통 달 자 함 구

잠11:13

佚遊閑談者、
일 유 한 담 자
發人陰私、
발 인 음 사
中心誠慤者、
중 심 성 각 자
隱人情事、
은 인 정 사

잠11:14

無智謀、
무 지 모
民必仆、
민 필 부
多議士、
다 의 사

民 乃 安、
민 내 안

잠11:15

爲 人 作 保、
위 인 작 보

必 遭 挫 折、
필 조 좌 절

憎 惡 拊 掌、
증 악 부 장

乃 獲 安 康、
내 획 안 강

잠11:16

淑 女 得 尊 榮、
숙 녀 득 존 영

强 男 得 財 貨、
강 남 득 재 화

잠11:17

仁 慈 者 益 己 命、
인 자 자 익 기 명

殘 刻 者 害 厥 身、
잔 각 자 해 궐 신

잠11:18

作 惡 者、
작 악 자

其值乃虛、
기 치 내 허

播義者、
파 의 자

其賚有定、
기 뢰 유 정

잠11:19

恆於義者必得生、
긍 어 의 자 필 득 생

從乎惡者必致死、
종 호 악 자 필 치 사

잠11:20

其心乖戾者、
기 심 괴 려 자

爲耶和華所惡、
위 야 화 화 소 악

其行完全者、
기 행 완 전 자

爲其所悅、
위 기 소 열

잠11:21

惡人雖則連手、
악 인 수 칙 련 수

不免受刑、
불 면 수 형

義者後裔蒙救、
의 자 후 예 몽 구

잠11:22

女美而不精明、
녀 미 이 불 정 명

如金環貫豕鼻、
여 금 환 관 시 비

잠11:23

義者所欲、
의 자 소 욕

無非善良、
무 비 선 량

惡者之望、
악 자 지 망

終于震怒、
종 간 진 노

잠11:24

有博施而益增加、
유 박 시 이 익 증 가

有過吝而致貧乏、
유 과 린 이 치 빈 핍

잠11:25

好施濟者、
호 시 제 자

必得豐腴、
필 득 풍 유

潤澤人者、
윤 택 인 자

必受潤澤、
필 수 윤 택

잠11:26

閉糴者、
폐 적 자

民必詛之、
민 필 저 지

糶穀者、
조 곡 자

福加其首、
복 가 기 수

잠11:27

勤求善者、
근 구 선 자

必獲恩寵、
필 획 은 총

惟求惡者、
유 구 악 자

惡必及之、
악 필 급 지

잠11:28

恃財者必至傾覆、
시 재 자 필 지 경 복

行義者茂如青葉、
행 의 자 무 여 청 엽

잠11:29

擾己家者、
요 기 가 자

所得惟風、
소 득 유 풍

愚人爲慧心者之役、
우 인 위 혜 심 자 지 역

잠11:30

義者結果、
의 자 결 과

有若生命之樹、
유 약 생 명 지 수

智者乃有得人之能、
지 자 내 유 득 인 지 능

잠11:31

義者在世、
의 자 재 세

且受其報、
차 수 기 보

况惡人罪人乎、
황 악 인 죄 인 호

# 箴言第十二章
잠 언 제 십 이 장

잠12:1

悅勸懲者、
열 권 징 자

乃悅知識、
내 열 지 식

惡斥責者、
악 척 책 자

是爲愚蠢、
시 위 우 준

잠12:2

行善者、
행 선 자

耶和華必錫以恩、
야 화 화 필 석 이 은

謀惡者、
모 악 자

必定其罪、
필 정 기 죄

잠12:3

人恃其惡、
인 시 기 악

不能堅立、
불 능 견 립

義者之根、
의 자 지 근

永不動移、
영 불 동 이

잠12:4

淑善之女、
숙 선 지 녀

爲夫首之冠冕、
위 부 수 지 관 면

啟羞之女、
계 수 지 녀

如夫骨之腐朽、
여 부 골 지 부 후

잠12:5

義人之思維公平、
의 인 지 사 유 공 평

惡人之計謀詭詐、
악 인 지 계 모 궤 사

잠12:6

惡者所言、
악 자 소 언

無非潛伏流血、
무 비 잠 복 류 혈

正人之口、
정 인 지 구

必救其人、
필 구 기 인

잠12:7

惡人傾覆、
악 인 경 복

歸於烏有、
귀 어 오 유

義者之家、
의 자 지 가

恆久存立、
긍 구 존 립

잠12:8

循人智慧而加揄揚、
순 인 지 혜 이 가 유 양

惟心乖者、
유 심 괴 자

則受蔑視、
칙 수 멸 시

잠12:9

居卑而有役、
기 비 이 유 역

愈於自大而乏食、
유 어 자 대 이 핍 식

잠12:10

義人恤其牲畜之命、
의 인 휼 기 생 축 지 명

惟惡者之仁慈、
유 악 자 지 인 자

無非殘忍、
무 비 잔 인

잠12:11

力其田者足食、
력 기 전 자 족 식

從虛浮者無知、
종 허 부 자 무 지

잠12:12

惡人罔利、
악 인 망 리

惡人欲得其網、
악 인 욕 득 기 망

義者之根、
의 자 지 근

自結其實、
자 결 기 실

잠12:13

惡者網於口過、
악 자 망 어 구 과

義者脫於患難、
의 자 탈 어 환 난

잠12:14

人因口果而飽以福、
인 인 구 과 이 포 이 복

依手所爲而得其報、
의 수 소 위 이 득 기 보

잠12:15

愚者視己之途爲正、
우 자 시 기 지 도 위 정

智者惟人之訓是聽、
지 자 유 인 지 훈 시 청

잠12:16

愚者有怒卽見、
우 자 유 노 즉 견

智者受辱隱忍、
지 자 수 욕 은 인

잠12:17

言誠者著公義、
언 성 자 저 공 의

僞證者顯奸欺、
위 증 자 현 간 기

잠12:18

浮躁之言、
부 조 지 언

如鋒刃之刺、
여 봉 인 지 자

智者之舌、
지자지설

有療疾之能、
유료질지능

잠12:19

言誠必永立、
언성필영립

言誑只須臾、
언광지수유

잠12:20

謀惡者心存詭譎、
모악자심존궤휼

勸和者必得喜樂、
권화자필득희악

잠12:21

義者不遘禍、
의자불구화

惡者有餘殃、
악자유여앙

잠12:22

言誑之口、
언광지구

爲耶和華所惡、
위야화화소악

踐實之人、
천 실 지 인

爲其所悅、
위 기 소 열

잠12:23

哲人隱藏其智、
철 인 은 장 기 지

蠢者心播其愚、
준 자 심 파 기 우

잠12:24

勤者手操其柄、
근 자 수 조 기 병

惰者必服厥役、
타 자 필 복 궐 역

잠12:25

人心懷憂則抑鬱、
인 심 회 우 칙 억 울

惟聞善言則懽娛、
유 문 선 언 칙 환 오

잠12:26

義者爲鄰先導、
의 자 위 린 선 도

惡者所行、
악 자 소 행

使之迷途、
사지미도

잠12:27

惰者不燔所獵、
타자불번소렵

勤者所寶維勤、
근자소보유근

잠12:28

義路有生命、
의로유생명

其途無死亡、
기도무사망

## 箴言第十三章
장언제십삼장

잠13:1

智慧之子、
지혜지자

受父勸懲、
수부권징

侮慢之人、
모만지인

不聽譴責、
불청견책

잠13:2

人因口果享福祉、
인 인 구 과 향 복 지

心懷奸詐遭殘暴、
심 회 간 사 조 잔 폭

잠13:3

守口者保生、
수 구 자 보 생

侈口者見滅、
치 구 자 견 멸

잠13:4

惰者欲而弗得、
타 자 욕 이 불 득

勤者必致豐腴、
근 자 필 치 풍 유

잠13:5

義者誑言是疾、
의 자 광 언 시 질

惡者遺臭蒙羞、
악 자 유 취 몽 수

잠13:6

行正直者保於義、
행 정 직 자 보 어 의

干罪戾者敗於惡、
간 죄 려 자 패 어 악

잠13:7

有自富而實室虛、
유 자 부 이 실 실 허

有自貧而實豐裕、
유 자 빈 이 실 풍 유

잠13:8

人之資財、
인 지 자 재

可贖生命、
가 속 생 명

貧者不受恐嚇、
빈 자 불 수 공 혁

잠13:9

義人之光輝煌、
의 인 지 광 휘 황

惡者之燈熄滅、
악 자 지 등 식 멸

잠13:10

驕泰惟起爭端、
교 태 유 기 쟁 단

受勸乃有智慧、
수 권 내 유 지 혜

잠13:11

妄得之財必耗、
망 득 지 재 필 모

勤勞所積必增、
근 로 소 적 필 증

잠13:12

所望遲滯、
소 망 지 체

致中心懷憂、
치 중 심 회 우

所欲旣成、
소 욕 기 성

乃生命之樹、
내 생 명 지 수

잠13:13

輕道義者、
경 도 의 자

自取敗亡、
자 취 패 망

畏誡命者、
외 계 명 자

必得賞賚、
필 득 상 뢰

잠13:14

智者之教、
지 자 지 교

乃生命之源、
내 생 명 지 원

使人脫死亡之網、
사 인 탈 사 망 지 망

잠13:15

睿智授人恩澤、
예 지 수 인 은 택

奸人之路崎嶇、
간 인 지 로 기 구

잠13:16

哲人以智制事、
철 인 이 지 제 사

蠢者自呈其愚、
준 자 자 정 기 우

잠13:17

惡使陷人於禍、
악 사 함 인 어 화

信使令人舒暢、
신 사 령 인 서 창

잠13:18

棄絕勸懲者受貧辱、
기 절 권 징 자 수 빈 욕

順承斥責者得尊榮、
순 승 척 책 자 득 존 영

잠13:19

所欲得遂、
소 욕 득 수

中心覺甘、
중 심 각 감

違離惡事、
위 리 악 사

蠢人所惡、
준 인 소 악

잠13:20

與智者偕行、
여 지 자 해 행

必成爲智、
필 성 위 지

與蠢人爲侶、
여 준 인 위 려

必受其傷、
필 수 기 상

잠13:21

災禍逐罪人、
재 화 축 죄 인

義人獲善報、
의 인 획 선 보

잠13:22

善人遺業於子孫、
선 인 유 업 어 자 손

罪人積財歸義者、
죄 인 적 재 귀 의 자

잠13:23

貧而力困、
빈 이 력 곤

多得、
다 득

亡於不義、
망 어 불 의

亦有其人、
역 유 기 인

잠13:24

不杖其子者、
불 장 기 자 자

是爲惡之、
시 위 악 지

惟愛其子者、
유 애 기 자 자

乃時懲之、
내 시 징 지

잠13:25

義者飽食、
의 자 포 식

惡者枵腹、
악 자 효 복

箴言第十四章
잠 언 제 십 사 장

잠14:1

哲婦立家、
철 부 립 가

愚婦手毀之、
우 부 수 훼 지

잠14:2

行正直者寅畏耶和
행 정 직 자 인 외 야 화

華、
화

行偏僻者蔑視之、
행 편 벽 자 멸 시 지

잠14:3

愚者之口、
우 자 지 구

具朴己驕之杖、
구 박 기 교 지 장

智者之言、
지 자 지 언

有保己身之能、
유 보 기 신 지 능

잠14:4

家無牛、
가 무 우

則槽淨、
칙 조 정

物産饒、
물 산 요

賴牛力、
뢰 우 력

잠14:5

實證者決不言誑、
실 증 자 결 불 언 광

妄證者吐其虛誕、
망 증 자 토 기 허 탄

잠14:6

侮慢者求智弗獲、
모 만 자 구 지 불 획

明哲者知識易得、
명 철 자 지 식 역 득

잠14:7

愚人無智言、
우 인 무 지 언

往見則知之、
왕 견 칙 지 지

잠14:8

哲人之智、
철 인 지 지

在識己道、
재 식 기 도

蠢者之愚、
준 자 지 우

在其自欺、
재 기 자 기

잠14:9

愚者戲干罪戾、
우 자 희 간 죄 려

正人內寓和平、
정 인 내 우 화 평

잠14:10

心之愁苦、
심 지 수 고

惟己獨知、
유 기 독 지

心之喜樂、
심 지 희 악

他人莫與、
타 인 막 여

잠14:11

惡者之家必敗、
악 자 지 가 필 패

正人之幕必興、
정 인 지 막 필 흥

잠14:12

有一道焉、
유 일 도 언

人以爲正、
인 이 위 정

終爲死亡之路、
종 위 사 망 지 로

잠14:13

人於嬉笑而懷憂傷、
인 어 희 소 이 회 우 상

喜樂終歸抑鬱、
희 악 종 귀 억 울

잠14:14

中心背道者、
중 심 배 도 자

必饫其果實、
필 어 기 과 실

行善者由己而快足、
행 선 자 유 기 이 쾌 족

잠14:15

拙者盡信人言、
졸 자 진 신 인 언

哲人愼其步履、
철 인 신 기 보 리

잠14:16

智者恐懼而遠惡、
지 자 공 구 이 원 악

蠢者驕矜以自恃、
준 자 교 긍 이 자 시

잠14:17

易怒者必妄爲、
역 노 자 필 망 위

謀惡者必見惡、
모 악 자 필 견 악

잠14:18

拙者業於愚、
졸 자 업 어 우

哲人冠以智、
철 인 관 이 지

잠14:19

惡人跽於善者之前、
악 인 기 어 선 자 지 전

罪人伏於義者之門、
죄 인 복 어 의 자 지 문

잠14:20

窮乏者鄰亦惡之、
궁 핍 자 린 역 악 지

富厚者友朋衆多、
부 후 자 우 붕 중 다

잠14:21

蔑鄰者干罪、
멸 린 자 간 죄

恤貧者有福、
휼 빈 자 유 복

잠14:22

謀惡者、
모 악 자

豈非入於歧路、
기 비 입 어 기 로

謀善者、
모 선 자

仁慈誠實加之、
인 자 성 실 가 지

잠14:23

凡百勤勞皆獲利、
범 백 근 로 개 획 리

脣舌多言惟致貧、
순 설 다 언 유 치 빈

잠14:24

智者之才爲其冕、
지 자 지 재 위 기 면

蠢者之愚終爲愚、
준 자 지 우 종 위 우

잠14:25

實證者救人命、
실 증 자 구 인 명

誑言者行詭詐、
광 언 자 행 궤 사

잠14:26

寅畏耶和華者、
인 외 야 화 화 자

其望維堅、
기 망 유 견

後裔必得避所、
후 예 필 득 피 소

잠14:27

寅畏耶和華、
인 외 야 화 화

乃生命之源、
내 생 명 지 원

使人脫於死亡之網、
사 인 탈 어 사 망 지 망

잠14:28

民庶則王榮、
민 서 칙 왕 영

民寡則君敗、
민 과 칙 군 패

잠14:29

遲於發怒者、
지 어 발 노 자

大有明哲、
대 유 명 철

性躁者適呈愚蒙、
성 조 자 적 정 우 몽

잠14:30

心性和平、
심 성 화 평

爲身之生命、
위 신 지 생 명

衷懷嫉妒、
충 회 질 투

爲骨之腐朽、
위 골 지 부 후

잠14:31

虐貧窮、
학 빈 궁

乃侮造之之主、
내 모 조 지 지 주

恤貧乏、
휼 빈 핍

乃尊崇之、
내 존 수 지

잠14:32

惡人遇難而見仆、
악 인 우 난 이 견 부

義者臨死而有託、
의 자 림 사 이 유 탁

잠14:33

達人之智寓於心、
달 인 지 지 우 어 심

蠢者所懷形於外、
준 자 소 회 형 어 외

잠14:34

公義興國、
공 의 흥 국

罪惡辱民、
죄 악 욕 민

잠14:35

用智之臣蒙王恩、
용 지 지 신 몽 왕 은

貽羞之僕遭王怒、
이 수 지 복 조 왕 노

## 箴言第十五章
잠 언 제 십 오 장

잠15:1

溫和之應對息忿、
온 화 지 응 대 식 분

暴厲之言詞激怒、
폭 려 지 언 사 격 노

잠15:2

智者之舌、
지 자 지 설

善宣知識、
선 선 지 식

蠢者之口、
준 자 지 구

乃吐愚頑、
내 토 우 완

잠15:3

耶和華目視萬方、
야 화 화 목 시 만 방

鑒觀善惡、
감 관 선 악

잠15:4

溫良之舌、
온 량 지 설

乃生命之樹、
내 생 명 지 수

乖謬之詞、
괴 류 지 사

乃摧折人心、
내 최 절 인 심

잠15:5

輕視父訓者爲愚人、
경 시 부 훈 자 위 우 인

順承斥責者得智慧、
순 승 척 책 자 득 지 혜

잠15:6

義者之家、
의 자 지 가

多藏貨財、
다 장 화 재

惡者所入、
악 자 소 입

內寓煩擾、
내 우 번 요

잠15:7

智者之口、
지 자 지 구

播揚知識、
파 양 지 식

愚者之心、
우 자 지 심

出發不義、
출 발 불 의

잠15:8

惡者之祭、
악 자 지 제

爲耶和華所惡、
위 야 화 화 소 악

正人之祈、
정 인 지 기

爲其所悅、
위 기 소 열

잠15:9

惡者之道、
악 자 지 도

爲耶和華所惡、
위 야 화 화 소 악

從義之人、
종 의 지 인

爲其所愛、
위 기 소 애

잠15:10

離道途者受重懲、
리 도 도 자 수 중 징

惡斥責者致死亡、
악 척 책 자 치 사 망

잠15:11

陰府死域、
음 부 사 역

耶和華且洞鑒之、
야 화 화 차 동 감 지

況世人之心乎、
황 세 인 지 심 호

잠15:12

侮慢者不悅斥責、
모 만 자 불 열 척 책

不就智人、
불 취 지 인

잠15:13

心樂則顏歡、
심 악 칙 안 환

心憂則神敗、
심 우 칙 신 패

잠15:14

達人之心求知識、
달 인 지 심 구 지 식

蠢者之口嗜愚頑、
준 자 지 구 기 우 안

잠15:15

遭困苦者、
조 곤 고 자

日處逆境、
일 처 역 경

有歡心者、
유 환 심 자

恆飫珍饈、
긍 어 진 수

잠15:16

少有而寅畏耶和華、
소 유 이 인 외 야 화 화

愈於多財而煩擾、
유 어 다 재 이 번 요

잠15:17

茹菜蔬而相愛、
여 채 소 이 상 애

愈於食太牢而相憾、
유 어 식 태 뢰 이 상 감

잠15:18

暴怒者啟爭端、
폭 노 자 계 쟁 단

忍怒者息爭競、
인 노 자 식 쟁 경

잠15:19

惰者之途、
타 자 지 도

如環棘籬、
여 환 극 리

正人之路、
정 인 지 로

成爲達道、
성 위 달 도

잠15:20

智子悅父、
지 자 열 부

蠢人輕母、
준 인 경 모

잠15:21

無知者以愚爲樂、
무 지 자 이 우 위 악

明哲者直道而行、
명 철 자 직 도 이 행

잠15:22

無同謀、
무 동 모

計不就、
계 불 취

多議士、
다 의 사

則必成、
즉 필 성

잠15:23

應對得當、
응 대 득 당

自覺歡欣、
자 각 환 흔

言語適時、
언 어 적 시

何其嘉美、
하 기 가 미

잠15:24

智者由生命之道而上
지 자 유 생 명 지 도 이 상

達、
달

致遠在下之陰府、
치 원 재 하 지 음 부

잠15:25

耶和華傾驕人之家、
야 화 화 경 교 인 지 가

立嫠婦之界、
립 리 부 지 계

잠15:26

惡謀爲耶和華所惡、
악 모 위 야 화 화 소 악

良言純潔可愛、
량 언 순 결 가 애

잠15:27

貪貨財者擾己家、
탐 화 재 자 요 기 가

惡賄賂者得生存、
악 회 뢰 자 득 생 존

잠15:28

義者應對、
의 자 응 대

心先思維、
심 선 사 유

惡者之口、
악 자 지 구

直吐邪慝、
직 토 사 특

잠15:29

耶和華遠惡人、
야 화 화 원 악 인

惟聽義者之祈、
유 청 의 자 지 기

잠15:30

目光悅人心、
목 광 열 인 심

嘉音健骸骨、
가 음 건 해 골

잠15:31

聽致生之斥責、
청 치 생 지 척 책

必與智者偕居、
필 여 지 자 해 거

잠15:32

棄勸懲者、
기 권 징 자

乃輕己魂、
내 경 기 혼

聽斥責者、
청 척 책 자

必得知識、
필 득 지 식

잠15:33

寅畏耶和華、
인 외 야 화 화

卽智慧之訓、
즉 지 혜 지 훈

謙遜乃尊榮之先導、
겸 손 내 존 영 지 선 도

## 箴言 第十六章
장 언 제 십 륙 장

잠16:1

心之圖謀在人、
심 지 도 모 재 인

言之功效、
언 지 공 효

由於耶和華、
유 어 야 화 화

잠16:2

人之所行、
인 지 소 행

自視爲潔、
자 시 위 결

惟耶和華權衡其心、
유 야 화 화 권 형 기 심

잠16:3

凡爾所爲、
범 이 소 위

託於耶和華、
탁 어 야 화 화

則所謀必成、
칙 소 모 필 성

잠16:4

耶和華所造者、
야 화 화 소 소 사

俱適其用、
구 적 기 용

其造惡人、
기 조 악 인

爲使居期受難、
위 사 계 기 수 난

잠16:5

心驕者耶和華所惡、
심 교 자 야 화 화 소 악

雖則連手、
수 칙 련 수

不免受刑、
불 면 수 형

잠16:6

仁慈誠實、
인 자 성 실

可以贖罪、
가 이 속 죄

人之遠惡、
인 지 원 악

在寅畏耶和華、
재 인 외 야 화 화

잠16:7

人之所行、
인 지 소 행

若耶和華悅之、
약 야 화 화 열 지

則使其敵與之和、
칙 사 기 적 여 지 화

잠16:8

行義而少有、
행 의 이 소 유

愈於不義而多財、
유 어 불 의 이 다 재

잠16:9

人心謀其道途、
인 심 모 기 도 도

惟耶和華指示其步履、
유 야 화 화 지 시 기 보 리

잠16:10

神言寓於王口、
신 언 우 어 왕 구

聽訟則無謬言、
청 송 칙 무 류 언

잠16:11

公平之衡、
공 평 지 형

屬耶和華、
속 야 화 화

囊中之石、
낭 중 지 석

皆其所製、
개 기 소 제

잠16:12
惡行爲王所憎、
악 행 위 왕 소 증
國位以義而立、
국 위 이 의 이 립

잠16:13
公義之詞、
공 의 지 사
爲王所悅、
위 왕 소 열
正言之人、
정 언 지 인
爲其所愛、
위 기 소 애

잠16:14
王怒如致死之使、
왕 노 여 치 사 지 사
惟智者必息之、
유 지 자 필 식 지

잠16:15
王顔光霽、
왕 안 광 제

乃爲生命、
내 위 생 명

其恩有若春雨之雲、
기 은 유 약 춘 우 지 운

잠16:16

得智慧愈於得金、
득 지 혜 유 어 득 금

獲明哲愈於獲銀、
획 명 철 유 어 획 은

잠16:17

正人之途遠乎惡、
정 인 지 도 원 호 악

守道之人保其生、
수 도 지 인 보 기 생

잠16:18

倨傲爲淪亡之先導、
거 오 위 륜 망 지 선 도

心驕乃隕越之前因、
심 교 내 운 월 지 전 인

잠16:19

中心謙卑、
중 심 겸 비

與貧者同處、
여 빈 자 동 처

勝於與驕人分贓、
승 어 여 교 인 분 장

잠16:20

守道者獲益、
수 도 자 획 익

恃耶和華者有福、
시 야 화 화 자 유 복

잠16:21

心慧者謂之通明、
심 혜 자 위 지 통 명

甘言增人學問、
감 언 증 인 학 문

잠16:22

明哲乃生命之源、
명 철 내 생 명 지 원

蒙昧卽愚人之罰、
몽 매 즉 우 인 지 벌

잠16:23

智者之心訓其口、
지 자 지 심 훈 기 구

增其脣之才、
증 기 순 지 재

잠16:24

良言如蜂房、
량 언 여 봉 방

甘 於 心、
감 어 심

暢 於 骨、
창 어 골

잠16:25

有 一 道 焉、
유 일 도 언

人 以 爲 正、
인 이 위 정

終 爲 死 亡 之 路、
종 위 사 망 지 로

잠16:26

勞 力 者、
로 력 자

其 欲 助 之、
기 욕 조 지

其 口 迫 之、
기 구 박 지

잠16:27

匪 徒 圖 謀 毒 害、
비 도 도 모 독 해

口 如 烈 火、
구 여 렬 화

잠16:28

乖戾者播爭端、
괴려자파쟁단

讒毁者間密友、
참훼자간밀우

잠16:29

强暴之人、
강포지인

誘惑鄰里、
유혹린리

引入不善之途、
인입불선지도

잠16:30

合眸者圖乖僻、
합모자도괴벽

閉脣者成邪惡、
폐순자성사악

잠16:31

皓首爲榮冕、
호수위영면

行善道則獲之、
행선도칙획지

잠16:32

忍怒者愈於勇士、
인노자유어용사

制心者愈於克城、
제 심 자 유 어 극 성

잠16:33

籤置膝上、
점 치 슬 상

定事在耶和華、
정 사 재 야 화 화

## 箴言第十七章
잠 언 제 십 칠 장

잠17:1

有糒少許而相安、
유 비 소 허 이 상 안

愈於盛饌盈室而相
유 어 성 찬 영 실 이 상

競、
경

잠17:2

用智之奴、
용 지 지 노

必治貽羞之子、
필 치 이 수 지 자

與其昆弟同分遺業、
여 기 곤 제 동 분 유 업

잠17:3

鼎以煉銀、
정이련은

爐以煉金、
로이련금

惟耶和華鍛鍊人心、
유야화화단련인심

잠17:4

作惡者、
작악자

喜聽奸邪之口、
희청간사지구

言誑者、
언광자

傾聽毒害之舌、
경청독해지설

잠17:5

戲笑貧窮、
희소빈궁

乃侮造之之主、
내모조지지주

幸災樂禍、
행재악화

不免受刑、
불면수형

잠17:6

子孫爲耆老之冕、
자 손 위 기 로 지 면

祖父爲子孫之榮、
조 부 위 자 손 지 영

잠17:7

嘉言不宜於愚者、
가 언 불 의 어 우 자

誑舌不宜於君王、
광 설 불 의 어 군 왕

잠17:8

行賄者自視其物爲寶
행 회 자 자 시 기 물 위 보

玉、
옥

無往不利、
무 왕 불 리

잠17:9

蓋人愆尤、
개 인 건 우

乃求和愛、
내 구 화 애

數言其事、
수 언 기 사

則間良朋、
칙 간 량 붕

잠17:10

責通達者以一言、
책 통 달 자 이 일 언

深入其心、
심 입 기 심

甚於撻愚蠢者以百杖、
심 어 달 우 준 자 이 백 장

잠17:11

惡人務叛、
악 인 무 반

必有酷吏、
필 유 혹 리

奉遣擊之、
봉 견 격 지

잠17:12

寧遇失子之熊、
녕 우 실 자 지 웅

勿遇愚人適行其妄、
물 우 우 인 적 행 기 망

잠17:13

以惡報善者、
이 악 보 선 자

災害不離其家、
재해불리기가

잠17:14

釁端之起、
흔단지기

如水潰決、
여수궤결

宜先弭之、
의선미지

以免爭鬪、
이면쟁두

잠17:15

義惡人、
의악인

罪義人、
죄의인

皆耶和華所惡、
개야화화소악

잠17:16

蠢者既無知、
준자기무지

何爲執金以市智、
하위집금이시지

잠17:17

友朋之愛在有恆、
우 붕 지 애 재 유 긍

兄弟之生爲急難、
형 제 지 생 위 급 난

잠17:18

在鄰里前拊掌作保、
재 린 리 전 부 장 작 보

其人乃爲無知、
기 인 내 위 무 지

잠17:19

好爭競者喜罪過、
호 쟁 경 자 희 죄 과

高門閭者求敗亡、
고 문 려 자 구 패 망

잠17:20

心邪僻者無利益、
심 사 벽 자 무 리 익

舌乖謬者陷災殃、
설 괴 류 자 함 재 앙

잠17:21

生愚蠢子必懷憂、
생 우 준 자 필 회 우

爲愚人父無所樂、
위 우 인 부 무 소 악

잠17:22

心樂爲良藥、
심 악 위 량 약

神傷致骨枯、
신 상 치 골 고

잠17:23

惡者受人懷中之賄、
악 자 수 인 회 중 지 회

以反義讞、
이 반 의 얼

잠17:24

達者用智於其前、
달 자 용 지 어 기 전

蠢人遊目於地極、
준 인 유 목 어 지 극

잠17:25

蠢子爲父之憂、
준 자 위 부 지 우

爲母之苦、
위 모 지 고

잠17:26

罰行義之人、
벌 행 의 지 인

扑秉公之牧、
복 병 공 지 목

俱爲不善、
구 위 불 선

잠17:27
寡言者有知識、
과 언 자 유 지 식
沈靜者乃通人、
침 정 자 내 통 인

잠17:28
愚者緘默亦爲智、
우 자 함 묵 역 위 지
閉口亦爲哲、
폐 구 역 위 철

# 箴言第十八章
잠 언 제 십 팔 장

잠18:1
異於衆者、
이 어 중 자
獨求己慾、
독 구 기 욕
妄敵眞智、
망 적 진 지

잠18:2
蠢者不欲明哲、
준 자 불 욕 명 철

惟願彰其心意、
유 원 창 기 심 의

잠18:3

惡人旣至、
악 인 기 지

輕慢亦至、
경 만 역 지

恥辱隨於詬詈、
치 욕 수 어 후 리

잠18:4

哲人之語如淵水、
철 인 지 어 여 연 수

智慧之源如流溪、
지 혜 지 원 여 류 계

잠18:5

瞻徇惡人之情、
첨 순 악 인 지 정

枉斷義人之獄、
왕 단 의 인 지 옥

俱爲不善、
구 위 불 선

잠18:6

蠢者之脣啟爭端、
준 자 지 순 계 쟁 단

其口招扑責、
기 구 초 복 책

잠18:7

蠢者之口致敗亡、
준 자 지 구 치 패 망

其脣陷己命、
기 순 함 기 명

잠18:8

讒毁者、
참 훼 자

言如甘旨、
언 여 감 지

入人甚深、
입 인 심 심

잠18:9

操作懈怠者、
조 작 해 태 자

與奢侈者爲昆弟、
여 사 치 자 위 곤 제

잠18:10

耶和華之名乃堅臺、
야 화 화 지 명 내 견 대

義者趨之得安穩、
의 자 추 지 득 안 온

잠18:11

富人之財、
부 인 지 재

爲其堅城、
위 기 견 성

視若高垣、
시 약 고 원

잠18:12

隕越爲心驕之繼、
운 월 위 심 교 지 계

謙遜在尊榮之先、
겸 손 재 존 영 지 선

잠18:13

未聽而先應、
미 청 이 선 응

乃愚乃辱、
내 우 내 욕

잠18:14

有恙心能忍之、
유 양 심 능 인 지

神傷孰能堪之、
신 상 숙 능 감 지

잠18:15

哲人之心得知識、
철 인 지 심 득 지 식

智者之耳求知識、
지 자 지 이 구 지 식

잠18:16

禮物爲人先導、
예 물 위 인 선 도

引之以謁顯貴、
인 지 이 알 현 귀

잠18:17

先赴訴者、
선 부 소 자

其理似直、
기 리 사 직

鄰里繼至、
린 리 계 지

則得其情、
칙 득 기 정

잠18:18

掣籤息爭競、
체 첨 식 쟁 경

爲强者解紛、
위 강 자 해 분

잠18:19

兄弟結怨而媾和、
형 제 결 원 이 구 화

難於破堅城、
난 어 파 견 성

其相爭也、
기 상 쟁 야

如保障之門楗、
여 보 장 지 무 건

잠18:20

人因所言而得果報、
인 인 소 언 이 득 과 보

口之所出、
구 지 소 출

身必承之、
신 필 승 지

잠18:21

生死之權在舌、
생 사 지 권 재 설

好用之者、
호 용 지 자

必食其果、
필 식 기 과

잠18:22

人得妻室、
인 득 처 실

卽爲獲福、
즉 위 획 복

且蒙耶和華之恩、
차 몽 야 화 화 지 은

잠18:23

貧者懇切以求、
빈 자 간 절 이 구

富者厲詞以應、
부 자 려 사 이 응

잠18:24

濫交多友、
람 교 다 우

必致敗亡、
필 치 패 망

有友一人、
유 우 일 인

親於昆弟、
친 어 곤 제

## 箴言第十九章
장 언 제 십 구 장

잠19:1

貧而行正、
빈 이 행 정

愈於愚而乖謬、
유 어 우 이 괴 류

잠19:2

心有慾而無知、
심 유 욕 이 무 지

乃爲不善、
내 위 불 선

足疾趨者、
족 질 추 자

難免失路、
난 면 실 로

잠19:3

人因愚而敗其途、
인 인 우 이 패 기 도

其心遂怨耶和華、
기 심 수 원 야 화 화

잠19:4

富厚則友朋增、
부 후 칙 우 붕 증

貧窮則故舊絕、
빈 궁 칙 고 구 절

잠19:5

妄證者不免刑、
망 증 자 불 면 형

言誑者難逭罪、
언 광 자 난 환 죄

잠19:6

好施濟、
호 시 제

則求之者多、
칙 구 지 자 다

好饋還、
호 궤 환

則友之者衆、
칙 우 지 자 중

잠19:7

貧乏者昆弟惡之、
빈 핍 자 곤 제 악 지

況彼友朋、
황 피 우 붕

豈不遠之、
기 불 원 지

追而與語、
추 이 여 어

其人已渺、
기 인 이 묘

잠19:8

得智慧者愛己生、
득 지 혜 자 애 기 생

守明哲者獲福祉、
수 명 철 자 획 복 지

잠19:9

妄證者不免刑、
망 증 자 불 면 형

言誑者必淪喪、
언 광 자 필 륜 상

잠19:10

蠢者逸樂非所宜、
준 자 일 악 비 소 의

況奴隸制君長乎、
황 노 례 제 군 장 호

잠19:11

人而精明、
인 이 정 명

遲於發怒、
지 어 발 노

赦宥愆尤、
사 유 건 우

爲其榮耀、
위 기 영 요

잠19:12

王怒如獅之咆哮、
왕 노 여 사 지 포 효

王恩如露之潤草、
왕 은 여 로 지 윤 초

잠19:13

蠢子爲其父之災、
준 자 위 기 부 지 재

悍婦乃恆滴之水、
한 부 내 긍 적 지 수

잠19:14

第宅貨財、
제 댁 화 재

爲祖父所遺、
위 조 부 소 유

賢妻爲耶和華所賜、
현 처 위 야 화 화 소 사

잠19:15

懈怠致酣眠、
해 태 치 감 면

惰者受飢餓、
타 자 수 기 아

잠19:16

守誡者保生、
수 계 자 보 생

輕道者必死、
경 도 자 필 사

잠19:17

恤貧者乃貸於耶和
휼 빈 자 내 대 어 야 화

華、
화

必如其善行而償之、
필 여 기 선 행 이 상 지

잠19:18

子旣有望、
자 기 유 망

宜加懲責、
의 가 징 책

勿任其敗亡、
물 임 기 패 망

잠19:19

暴怒者必遭刑、
폭 노 자 필 조 형

爾若救之、
이 약 구 지

必再救之、
필 재 구 지

잠19:20

爾其聽規訓、
이 기 청 규 훈

受懲責、
수 징 책

終則爲智、
종 칙 위 지

잠19:21

人心多謀、
인 심 다 모

惟耶和華之志必成、
유 야 화 화 지 지 필 성

잠19:22

人之可慕、
인 지 가 모

在其仁慈、
재 기 인 자

貧窮愈於欺誑、
빈 궁 유 어 기 광

잠19:23

寅畏耶和華、
인 외 야 화 화

致得生命因而恆足、
치 득 생 명 인 이 긍 족

災不及身、
재 불 급 신

잠19:24

惰者染指於盂、
타 자 염 지 어 우

不反於口、
불 반 어 구

잠19:25

扑責侮慢者、
복 책 모 만 자

則拙人增識、
즉 졸 인 증 식

斥責通達者、
척 책 통 달 자

則智慧愈明、
즉 지 혜 유 명

잠19:26

迫其父、
박 기 부

逐其母、
축 기 모

乃貽羞招辱之子、
내 이 수 초 욕 지 자

잠19:27

我子、
아 자

聽訓而棄哲言、
청 훈 이 기 철 언

爾勿爲此、
이 물 위 차

잠19:28

匪徒作證、
비 도 작 증

戲 笑 公 義、
희 소 공 의

惡 人 呑 食 邪 慝、
악 인 탄 식 사 특

잠19:29

刑 罰 爲 侮 慢 之 徒 而
형 벌 위 모 만 지 도 이

設、
설

鞭 扑 爲 蠢 人 之 背 而
편 복 위 준 인 지 배 이

具、
구

## 箴 言 第 二 十 章
잠 언 제 이 십 장

잠20:1

淸 酒 生 侮 慢、
청 주 생 모 만

醇 醪 致 喧 譁、
순 료 치 훤 화

因 之 而 搖 曳 者、
인 지 이 요 예 자

是 爲 不 智、
시 위 불 지

잠20:2

王威如獅吼、
왕 위 여 사 후

攖其怒者戕厥生、
영 기 노 자 장 궐 생

잠20:3

遠爭爲人之榮、
원 쟁 위 인 지 영

愚人乃務啟釁、
우 인 내 무 계 흔

잠20:4

惰者冬時不事耕耘、
타 자 동 시 불 사 경 운

穡時乞而弗得、
색 시 걸 이 불 득

잠20:5

心藏謀畧、
심 장 모 략

有若淵水、
유 약 연 수

惟達者汲之、
유 달 자 급 지

잠20:6

自述其仁者衆、
자 술 기 인 자 중

忠信之人、
충 신 지 인

誰得遇之、
수 득 우 지

잠20:7

義者行正、
의 자 행 정

子孫蒙福、
자 손 몽 복

잠20:8

王升鞫位、
왕 승 국 위

瞠目而視、
당 목 이 시

諸惡消散、
제 악 소 산

잠20:9

郭能自謂已清我心、
곽 능 자 위 이 청 아 심

我潔無罪、
아 결 무 죄

잠20:10

權量不一其制、
권 량 불 일 기 제

皆耶和華所惡、
개 야 화 화 소 악

잠20:11

孩童所爲、
해 동 소 위

或淸或正、
혹 청 혹 정

因之而顯、
인 지 이 현

잠20:12

能聞之耳、
능 문 지 이

能見之目、
능 견 지 목

俱耶和華所造、
구 야 화 화 소 조

잠20:13

勿貪寢、
물 탐 침

免致匱乏、
면 치 궤 핍

當啓目、
당 계 목

則得飽飫、
칙 득 포 어

잠20:14

購物之人、
구 물 지 인

每日惡惡、
매 왈 악 악

旣去則誇美之、
기 거 칙 과 미 지

잠20:15

黃金旣有、
황 금 기 유

珍珠亦多、
진 주 역 다

惟哲言爲珍寶、
유 철 언 위 진 보

잠20:16

爲外人作保者、
위 외 인 작 보 자

可取其衣、
가 취 기 의

爲異族作保者、
위 이 족 작 보 자

可質其身、
가 질 기 신

잠20:17

欺人得餠、
기 인 득 병

自覺其甘、
자 각 기 감

終則沙充厥口、
종 칙 사 충 궐 구

잠20:18

定策每因集議、
정 책 매 인 집 의

決戰宜有智謀、
결 전 의 유 지 모

잠20:19

佚遊閑談者、
일 유 한 담 자

發人陰私、
발 인 음 사

孔張厥口者、
공 장 궐 구 자

勿與交際、
물 여 교 제

잠20:20

詛父母者、
저 부 모 자

其燈必滅、
기 등 필 멸

幽暗甚深、
유 암 심 심

잠20:21

始而驟富、
시 이 취 부

終不爲福、
종 불 위 복

잠20:22

勿言我必復仇、
물 언 아 필 복 구

惟仰望耶和華、
유 앙 망 야 화 화

彼必救爾、
피 필 구 이

잠20:23

異制之石、
이 제 지 석

耶和華所惡、
야 화 화 소 악

詐僞之衡、
사 위 지 형

乃爲不善、
내 위 불 선

잠20:24

人之步履、
인 지 보 리

耶和華所定、
야 화 화 소 정

焉能自識其道、
언 능 자 식 기 도

잠20:25

遽謂斯物爲聖、
거 위 사 물 위 성

許願而後察之、
허 원 이 후 찰 지

乃自陷於網羅、
내 자 함 어 망 라

잠20:26

智慧之王簸散惡人、
지 혜 지 왕 파 산 악 인

以輪碾之、
이 륜 년 지

잠20:27

人之靈爲耶和華之
인 지 령 위 야 화 화 지

燈、
등

燭照隱衷、
촉 조 은 충

잠20:28

仁慈誠實保王身、
인자성실보왕신

其位亦因仁慈而堅立、
기위역인인자이견립

잠20:29

能力爲少者之榮、
능력위소자지영

皓首爲老人之美、
호수위로인지미

잠20:30

鞭傷可去罪惡、
편상가거죄악

扑責入人甚深、
복책입인심심

## 箴言 第二十一章
잠언 제이십일장

잠21:1

王之心志、
왕지심지

在耶和華掌握、
재야화화장악

如溝洫之水、
여 구 혁 지 수

隨意運轉之、
수 의 운 전 지

잠21:2

人之所行、
인 지 소 행

自視爲正、
자 시 위 정

惟耶和華權衡人心、
유 야 화 화 권 형 인 심

잠21:3

行義秉公、
행 의 병 공

耶和華所悅納、
야 화 화 소 열 납

愈於獻祭、
유 어 헌 제

잠21:4

目高心傲、
목 고 심 오

惡人昌熾、
악 인 창 치

俱爲罪戾、
구 위 죄 려

잠21:5

勤者之思維、
근 자 지 사 유

足致豐裕、
족 치 풍 유

急躁者、
급 조 자

乃急貧窮、
내 급 빈 궁

잠21:6

以詭詞得財、
이 궤 사 득 재

如追浮氣、
여 추 부 기

適以取死、
적 이 취 사

잠21:7

惡者不行義、
악 자 불 행 의

其暴戾必覆之、
기 폭 려 필 복 지

잠21:8

負罪者之路邪曲、
부 죄 자 지 로 사 곡

清潔者之行正直、
정결자지행정직

잠21:9

寧處屋頂之隅、
녕처옥정지우

勿與悍婦共居廣廈、
물여한부공거광하

잠21:10

惡者幸人之災、
악자행인지재

鄰里罔沾其惠、
린리망첨기혜

잠21:11

侮慢者受刑、
모만자수형

則拙人爲睿、
칙졸인위예

智慧者受訓、
지혜자수훈

則知識愈增、
칙지식유증

잠21:12

惡人之家、
악인지가

義者度之、
의 자 도 지

知其必覆而亡、
지 기 필 복 이 망

잠21:13

貧者呼籲、
빈 자 호 유

塞耳弗聞、
새 이 불 문

則己呼籲、
칙 기 호 유

亦莫之聽、
역 막 지 청

잠21:14

暗中投贈、
암 중 투 증

氣憤胥平、
기 분 서 평

饋遺入懷、
궤 유 입 회

烈怒以息、
렬 노 이 식

잠21:15

秉公而行、
병 공 이 행

於義人爲喜樂、
어 의 인 위 희 악

於惡人爲敗壞、
어 악 인 위 패 괴

잠21:16

迷失通達之途、
미 실 통 달 지 도

必居幽魂之會、
필 거 유 혼 지 회

잠21:17

好宴樂者、
호 연 악 자

必爲窮乏、
필 위 궁 핍

好酒膏者、
호 주 고 자

不致富饒、
불 치 부 요

잠21:18

惡者爲義者之贖、
악 자 위 의 자 지 속

奸者爲正者之代、
간 자 위 정 자 지 대

잠21:19

寧處曠野、
녕 처 광 야

不與好爭煩懣之婦偕居、
불 여 호 쟁 번 만 지 부 해 거

잠21:20

智者之家、
지 자 지 가

藏寶與膏、
장 보 여 고

蠢者呑噬所有、
준 자 탄 서 소 유

잠21:21

追求仁義者、
추 구 인 의 자

則得生命、
칙 득 생 명

公義尊榮、
공 의 존 영

잠21:22

智者登勇士之城、
지 자 등 용 사 지 성

敗其所恃之勢、
패 기 소 시 지 세

잠21:23

守口舌者、
수 구 설 자

保生免害、
보 생 면 해

잠21:24

驕矜者名曰侮慢、
교 긍 자 명 왈 모 만

惟恃狂傲而妄行、
유 시 광 오 이 망 행

잠21:25

惰者手不操作、
타 자 수 불 조 작

爲其願欲所殺、
위 기 원 욕 소 살

잠21:26

有人終日貪求、
유 인 종 일 탐 구

義者施舍不吝、
의 자 시 사 불 린

잠21:27

惡者之祭爲可憎、
악 자 지 제 위 가 증

況以惡意獻之乎、
황 이 악 의 헌 지 호

잠21:28

妄證者必敗、
망 증 자 필 패

據所聞而證之者、
거 소 문 이 증 지 자

其言恆存、
기 언 긍 존

잠21:29

惡者厚其顏、
악 자 후 기 안

正人定其行、
정 인 정 기 행

잠21:30

智慧明哲謀畧、
지 혜 명 철 모 략

無有能敵耶和華者、
무 유 능 적 야 화 화 자

잠21:31

備馬待戰、
비 마 대 전

惟獲勝在於耶和華、
유 획 승 재 어 야 화 화

## 箴言 第二十二章
장 언 제 이 십 이 장

잠22:1

寧求令聞、
녕 구 령 문

愈於多財、
유 어 다 재

寧得恩寵、
녕 득 은 총

愈於金銀、
유 어 금 은

잠22:2

貧富錯處、
빈 부 착 처

悉爲耶和華所造、
실 위 야 화 화 소 조

잠22:3

精明者見害而隱避、
정 명 자 견 해 이 은 피

樸拙者前往而遘災、
박 졸 자 전 왕 이 구 재

잠22:4

謙遜及寅畏耶和華之
겸 손 급 인 외 야 화 화 지

報、
보

卽富有尊榮與壽考、
즉 부 유 존 영 여 수 고

잠22:5

乖戾者之途中、
괴려자지도중

具有荊棘羅網、
구유형극라망

保其生者必遠之、
보기생자필원지

잠22:6

以當行之道訓童穉、
이당행지도훈동치

至老必不離之、
지로필불리지

잠22:7

富者握貧人之權、
부자악빈인지권

貸者爲債主之僕、
대자위채주지복

잠22:8

播惡者必斂禍、
파악자필렴화

其怒之勢必敗、
기노지세필패

잠22:9

善其目者、
선기목자

以食食貧、
이 식 식 빈

必獲福祉、
필 획 복 지

잠22:10

逐侮慢者、
축 모 만 자

則釁端泯焉、
즉 흔 단 민 언

爭鬪與凌辱息焉、
쟁 두 여 능 욕 식 언

잠22:11

好淸心者、
호 청 심 자

因其嘉言、
인 기 가 언

王與之友、
왕 여 지 우

잠22:12

耶和華祐智者、
야 화 화 우 지 자

敗譎者之言、
패 휼 자 지 언

잠22:13

惰者云、
타 자 운

外有獅、
외 유 사

行於途、
행 어 도

必見殺、
필 견 살

잠22:14

淫婦之口乃深阱、
음 부 지 구 내 심 정

耶和華所惡者、
야 화 화 소 악 자

必陷其中、
필 함 기 중

잠22:15

孩童之心、
해 동 지 심

包藏愚昧、
포 장 우 매

懲之以杖、
징 지 이 장

則除去之、
칙 제 거 지

잠22:16

虐貧利己、
학 빈 리 기

饋遺富人、
궤 유 부 인

俱必匱乏、 ○
구 필 궤 핍

잠22:17

傾耳以聽智者之言、
경 이 이 청 지 자 지 언

專心於我知識、
전 심 어 아 지 식

잠22:18

存之於衷、
존 지 어 충

銜之於口、
함 지 어 구

斯爲美、
사 위 미

잠22:19

我今日示爾、
아 금 일 시 이

俾爾仰賴耶和華、
비 이 앙 뢰 야 화 화

잠22:20

謀畧知識、
모략지식

我豈未錄以遺爾乎、
아기미록이유이호

잠22:21

使爾確知眞理、
사이확지진리

能以眞言復遣爾者、
능이진언복견이자

○

잠22:22

人旣貧窮、
인기빈궁

勿加侵奪、
물가침탈

坐於邑門、
좌어읍문

勿欺困苦、
물기곤고

잠22:23

蓋耶和華必伸其寃、
개야화화필신기원

凡奪之者、
범탈지자

必奪其命、
필탈기명

잠22:24

易怒者、
역노자

勿與交際、
물여교제

暴躁者、
폭조자

勿與相偕、
물여상해

잠22:25

恐習其行、
공습기행

自陷網羅、
자함망라

잠22:26

勿爲人拊掌、
물위인부장

勿爲債作保、
물위재작보

잠22:27

胡爲使人因爾無償、
호위사인인이무상

奪爾臥榻、
탈 이 와 탑

잠22:28

昔時田界、
석 시 전 계

先祖所定、
선 조 소 정

不可遷移、
불 가 천 이

잠22:29

爾不見人勤厥事乎、
이 불 견 인 근 궐 사 호

彼必立於王前、
피 필 립 어 왕 전

不侍庸人之側、
불 시 용 인 지 측

## 箴言 第二十三章
잠 언 제 이 십 삼 장

잠23:1

與官長同筵、
여 관 장 동 연

當注意在爾前者爲
당 주 의 재 이 전 자 위

誰、
수

잠23:2

爾若饕餮、
이 약 도 철

宜置刃於爾喉、
의 치 인 어 이 후

잠23:3

勿貪其珍饈、
물 탐 기 진 수

乃屬欺誑、
내 속 기 광

잠23:4

勿苦求富饒、
물 고 구 부 요

勿自恃己智、
물 자 시 기 지

잠23:5

豈可注目虛無、
기 가 주 목 허 무

蓋貨財誠生羽翼、
개 화 재 성 생 우 익

如鷹飛戾天、
여 응 비 려 천

잠23:6

勿食眈眈者之餠、
물 식 탐 탐 자 지 병

勿貪其珍饈、
물 탐 기 진 수

잠23:7

其心若何、
기 심 약 하

爲人亦若何、
위 인 역 약 하

雖曰式食式飮、
수 왈 식 식 식 음

而心不在爾、
이 심 불 재 이

잠23:8

則爾所食少許、
칙 이 소 식 소 허

必復哇之、
필 복 왜 지

所致美詞、
소 치 미 사

歸虛費矣、
귀 허 비 의

잠23:9

勿與蠢人語、
물 여 준 인 어

彼必蔑爾智言、
피 필 멸 이 지 언

잠23:10

昔時之田界勿徙、
석 시 지 전 계 물 사

孤兒之田畝勿侵、
고 아 지 전 무 물 침

잠23:11

蓋其贖者有能力、
개 기 속 자 유 능 력

必對爾而伸其冤、
필 대 이 이 신 기 원

잠23:12

留心於訓誨、
류 심 어 훈 회

側耳於智言、
측 이 어 지 언

잠23:13

童穉勿缺懲責、
동 치 물 결 징 책

以杖扑之、
이 장 복 지

不至死亡、
불 지 사 망

잠23:14

當扑之以杖、
당 복 지 이 장

以救其魂、
이 구 기 혼

不入陰府、
불 입 음 부

잠23:15

我子、
아 자

爾心若慧、
이 심 약 혜

我心則喜、
아 심 칙 희

잠23:16

爾口言正、
이 구 언 정

我衷則悅、
아 충 칙 열

잠23:17

爾心勿妒罪人、
이 심 물 투 죄 인

惟終日寅畏耶和華、
유 종 일 인 외 야 화 화

잠23:18

必有果報、
필 유 과 보

不絕爾望、
불 절 이 망

잠23:19

我子聽之、
아 자 청 지

而爲智人、
이 위 지 인

導爾心於正路、
도 이 심 어 정 로

잠23:20

耽酒嗜炙之人、
탐 주 기 자 지 인

勿與同處、
물 여 동 처

잠23:21

沉湎饕餮者、
침 면 도 철 자

必致貧窮、
필 치 빈 궁

好寢使人衣敝、
호 침 사 인 의 폐

잠23:22

當聽生爾之父、
당 청 생 이 지 부

勿輕年邁之母、
물 경 년 매 지 모

잠23:23

宜購眞理、
의 구 진 리

智慧訓誨明哲、
지 혜 훈 회 명 철

而勿鬻之、
이 물 죽 지

잠23:24

義人之父、
의 인 지 부

必甚喜樂、
필 심 희 악

生子而智、
생 자 이 지

因之歡欣、
인 지 환 흔

잠23:25

當使爾父歡欣、
당 사 이 부 환 흔

生爾之母喜樂、
생 이 지 모 희 악

잠23:26

我 子、
아 자

歸 心 於 我、
귀 심 어 아

注 目 我 道、
주 목 아 도

잠23:27

妓 女 乃 深 坑、
기 녀 내 심 갱

外 婦 爲 狹 阱、
외 부 위 협 정

잠23:28

伏 藏 如 盜、
복 장 여 도

增 奸 邪 於 人 間、
증 간 사 어 인 간

잠23:29

孰 咨 嗟、
숙 자 차

孰 歎 息、
숙 탄 식

孰 有 爭、
숙 유 쟁

孰 有 怨、
숙 유 원

孰無故受傷、
숙 무 고 수 상

孰二目紅赤乎、
숙 이 목 홍 적 호

잠23:30

卽流連於酒、
즉 류 련 어 주

尋求調和之酒者是也、
심 구 조 화 지 주 자 시 야

잠23:31

勿視酒之紅色、
물 시 주 지 홍 색

閃爍於杯、
섬 삭 어 배

下咽暢適、
하 인 창 적

잠23:32

終必如蛇之噬、
종 필 여 사 지 서

如虺之齧、
여 훼 지 설

잠23:33

以致爾目見怪異、
이 치 이 목 견 괴 이

爾心發乖張、
이 심 발 괴 장

잠23:34

如寢於海中、
여 침 어 해 중

如臥於桅頂、
여 와 어 외 정

잠23:35

乃曰、
내 왈

擊我而我無傷、
격 아 이 아 무 상

扑我而我不覺、
복 아 이 아 불 각

何時而醒、
하 시 이 성

仍復索飮、
잉 복 색 음

箴言第二十四章
잠 언 제 이 십 사 장

잠24:1

勿妒惡者、
물 투 악 자

勿欲與偕、
물 욕 여 해

잠24:2
蓋彼心習強暴、
개 피 심 습 강 폭
口言殘害、
구 언 잔 해

잠24:3
家室由智慧建造、
가 실 유 지 혜 건 조
因明哲堅立、
인 명 철 견 립

잠24:4
其室充以貨財、
기 실 충 이 화 재
皆寶貴可悅、
개 보 귀 가 열
由知識而致、
유 지 식 이 치

잠24:5
哲人有力、
철 인 유 력
智者增權、
지 자 증 권

잠24:6

戰事起、
전 사 기
恃智謀、
시 지 모
議士多、
의 사 다
能獲勝、
능 획 승

잠24:7
智慧極高、
지 혜 극 고
蠢者莫及、
준 자 막 급
故在邑門、
고 재 읍 문
不啟其口、
불 계 기 구

잠24:8
謀惡者、
모 악 자
必稱爲奸人、
필 칭 위 간 인

잠24:9
愚妄之念皆爲罪、
우 망 지 념 개 위 죄

侮慢之人衆所憎、
모 만 지 인 중 소 증

잠24:10

臨難而委靡、
림 난 이 위 미

爾力乃微弱、
이 력 내 미 약

잠24:11

被曳至死地者、
피 예 지 사 지 자

爾其援之、
이 기 원 지

將見殺者、
장 견 살 자

勿弗救之、
물 불 구 지

잠24:12

爾若曰、
이 약 왈

此非我所知、
차 비 아 소 지

而權衡人心者、
이 권 형 인 심 자

豈不度之、
기 불 도 지

保佑爾命者、
보 우 이 명 자

豈不知之、
기 불 지 지

豈不依人所行而報
기 불 의 인 소 행 이 보

之、
지

잠24:13

我子、
아 자

爾當食蜜、
이 당 식 밀

以其美也、
이 기 미 야

食蜂房之滴瀝、
식 봉 방 지 적 력

其味甘也、
기 미 감 야

잠24:14

爾心之於智慧、
이 심 지 어 지 혜

亦當視爲若是、
역 당 시 위 약 시

如 爾 得 之、
여 이 득 지
必 有 賞 賚、
필 유 상 뢰
不 至 絶 望、
불 지 절 망

잠24:15
惡 人 歟、
악 인 여
勿 伏 攻 義 人 之 家、
물 복 공 의 인 지 가
勿 毁 其 憩 所、
물 훼 기 게 소

잠24:16
蓋 義 者 七 蹶 而 復 興、
개 의 자 칠 궐 이 복 흥
惡 者 遇 禍 而 傾 覆、
악 자 우 화 이 경 복

잠24:17
爾 敵 顚 仆 勿 欣 喜、
이 적 전 부 물 흔 희
傾 覆 勿 心 歡、
경 복 물 심 환

잠24:18

恐耶和華見之不悅、
공 야 화 화 견 지 불 열
而遷怒焉、
이 천 노 언

잠24:19

勿緣爲非者而煩擾、
물 연 위 비 자 이 번 요
勿於作惡者生嫉妒、
물 어 작 악 자 생 질 투

잠24:20

蓋爲非者不獲賞賚、
개 위 비 자 불 획 상 뢰
作惡者其燈必熄、
작 악 자 기 등 필 식

잠24:21

我子、
아 자
宜敬畏耶和華與王、
의 경 외 야 화 화 여 왕
好更張者、
호 경 장 자
勿與之交、
물 여 지 교

잠24:22

其災害之起、
기 재 해 지 기

必突至、
필 돌 지

其年壽之絕、
기 년 수 지 절

孰得知、○
숙 득 지

잠24:23

列於左者、
열 어 좌 자

亦係哲言、
역 계 철 언

聽訟徇情、
청 송 순 정

乃爲不善、
내 위 불 선

잠24:24

謂惡者曰、
위 악 자 왈

爾乃義人、
이 내 의 인

必爲庶民所詛、
필 위 서 민 소 저

列邦所惡、
열 방 소 악

잠24:25

斥責惡人、
척 책 악 인

必得喜樂、
필 득 희 악

厚福臨之、
후 복 림 지

잠24:26

應對適宜者、
응 대 적 의 자

如與人接吻、
여 여 인 접 문

잠24:27

經營於外、
경 영 어 외

操作於田、
조 작 어 전

然後建室、
연 후 건 실

잠24:28

勿無故作證以陷鄰、
물 무 고 작 증 이 함 린

勿啟口以欺人、
물 계 구 이 기 인

잠24:29

勿謂人若何待我、
물 위 인 약 하 대 아

我亦若何待人、
아 역 약 하 대 인

必如其所行而報之、
필 여 기 소 행 이 보 지

잠24:30

怠惰者之田、
태 타 자 지 전

無知者之葡萄園、
무 지 자 지 포 도 원

我過之焉、
아 과 지 언

잠24:31

荊棘滿地、
형 극 만 지

蒺藜蔓延、
질 려 만 연

石垣傾圮、
석 원 경 비

잠24:32

我 見 之 而 深 思、
아 견 지 이 심 사

我 觀 之 而 得 訓、
아 관 지 이 득 훈

잠24:33

再 寢 片 時、
재 침 편 시

又 睡 片 時、
우 수 편 시

叉 手 偃 臥 片 時、
차 수 언 와 편 시

잠24:34

則 爾 貧 窮 之 來 如 盜
칙 이 빈 궁 지 래 여 도

賊、
적

匱 乏 之 至 如 兵 士、
궤 핍 지 지 여 병 사

箴 言 第 二 十 五 章
잠 언 제 이 십 오 장

잠25:1

此 亦 所 羅 門 之 箴 言、
차 역 소 라 문 지 잠 언

猶 大 王 希 西 家 之 臣 所
유 대 왕 희 서 가 지 신 소

錄者、
록 자

잠25:2

祕密其事、
비 밀 기 사

乃祆上帝之榮、
내 천 상 제 지 영

鑒察其事、
감 찰 기 사

乃君王之榮、
내 군 왕 지 영

잠25:3

天高地厚、
천 고 지 후

王心莫測、
왕 심 막 측

잠25:4

去銀之滓、
거 은 지 재

則鍛鍊者可以製器、
칙 단 련 자 가 이 제 기

잠25:5

去王前之惡人、
거 왕 전 지 악 인

其位乃以義而立、
기 위 내 이 의 이 립

잠25:6

勿自誇於王前、
물 자 과 어 왕 전

勿立於大人之位、
물 립 어 대 인 지 위

잠25:7

寧有人曰、
녕 유 인 왈

請爾上升、
청 이 상 승

勿於所覲之君前、
물 어 소 근 지 군 전

令爾下退、
령 이 하 퇴

잠25:8

勿遽出與人爭、
물 거 출 여 인 쟁

免致終受其辱、
면 치 종 수 기 욕

罔知所措、
망 지 소 조

잠25:9

與鄰爭訟、
여 린 쟁 송

當與其人辯之、
당 여 기 인 변 지

勿泄人之秘事、
물 설 인 지 비 사

잠25:10

恐聽者詈爾、
공 청 자 리 이

遺臭難脫、
유 취 난 탈

잠25:11

言語適宜、
언 어 적 의

如金果在於銀網、
여 금 과 재 어 은 망

잠25:12

智者斥責、
지 자 척 책

於順受之耳、
어 순 수 지 이

如金製耳環、
여 금 제 이 환

與精金物飾、
여 정 금 물 식

잠25:13

忠誠之使、
충 성 지 사

俾遣之者心神清爽、
비 견 지 자 심 신 청 상

如穡時雨雪之涼、
여 색 시 우 설 지 량

잠25:14

妄詡饋遺、
망 후 궤 유

如有風雲而無雨、
여 유 풍 운 이 무 우

잠25:15

恆忍可以勸君、
긍 인 가 이 권 군

柔舌能以折骨、
유 설 능 이 절 골

잠25:16

爾得蜜乎、
이 득 밀 호

當如量而食、
당 여 량 이 식

恐過飽而哇之、
공 과 포 이 왜 지

잠25:17

爾足勿數入鄰家、
이 족 물 수 입 린 가

恐其厭爾惡爾、
공 기 염 이 악 이

잠25:18

妄證以陷鄰者、
망 증 이 함 린 자

乃槌、
내 퇴

乃刃、
내 인

乃利矢、
내 리 시

잠25:19

遭難而恃不忠之人、
조 난 이 시 불 충 지 인

如特破折之齒、
여 특 파 절 지 치

錯節之足、
착 절 지 족

잠25:20

向憂心者謳歌、
향 우 심 자 구 가

如寒時解衣、
여 한 시 해 의

咸上傾醋、
함 상 경 초

잠25:21

敵飢則食以餅、
적 기 칙 식 이 병

渴則飲以水、
갈 칙 음 이 수

잠25:22

是乃以爇炭積厥首、
시 내 이 설 탄 적 궐 수

耶和華必賞賚爾、
야 화 화 필 상 뢰 이

잠25:23

北風致陰雨、
북 풍 치 음 우

讒古致怒容、
참 고 치 노 용

잠25:24

寧處屋頂之隅、
녕 처 옥 정 지 우

勿與悍婦共居廣廈、
물 여 한 부 공 거 광 하

잠25:25

嘉音來自遠方、
가 음 래 자 원 방

如冷水於渴者、
여 랭 수 어 갈 자

잠25:26
義人爲惡人而却退、
의 인 위 악 인 이 각 퇴
如泉渾井濁、
여 천 혼 정 탁

잠25:27
多食蜜乃非善、
다 식 밀 내 비 선
自求榮乃可憎、
자 구 영 내 가 증

잠25:28
人不制心、
인 불 제 심
如城毁而無垣、
여 성 훼 이 무 원

## 箴言第二十六章
장 언 제 이 십 륙 장

잠26:1
蠢者得榮非宜、
준 자 득 영 비 의
如夏時雨雪、
여 하 시 우 설

如穡時下雨、
여 색 시 하 우

잠26:2

無故之詛、
무 고 지 저

如雀之翔、
여 작 지 상

如燕之飛、
여 연 지 비

靡所棲止、
미 소 서 지

잠26:3

鞭爲馬、
편 위 마

勒爲驢、
륵 위 려

杖爲蠢人之背、
장 위 준 인 지 배

잠26:4

應對蠢人、
응 대 준 인

勿循其蠢、
물 순 기 준

恐爾同乎其人、
공 이 동 호 기 인

잠26:5

應對蠢人、
응 대 준 인

當循其蠢、
당 순 기 준

免彼自視爲智、
면 피 자 시 위 지

잠26:6

以蠢者傳言、
이 준 자 전 언

乃自斷其足、
내 자 단 기 족

必受損傷、
필 수 손 상

잠26:7

箴言在蠢者之口、
잠 언 재 준 자 지 구

如跛者之足、
여 파 자 지 족

虛懸而無用、
허 현 이 무 용

잠26:8

尊榮加於愚者、
존 영 가 어 우 자

如以寶玉置於礫石、
여 이 보 옥 치 어 력 석

잠26:9

箴言在蠢者之口、
잠 언 재 준 자 지 구

如荊棘在醉人之手、
여 형 극 재 취 인 지 수

잠26:10

以愚者與路人爲傭、
이 우 자 여 로 인 위 용

如射者發矢傷衆、
여 사 자 발 시 상 중

잠26:11

蠢者復行其愚、
준 자 복 행 기 우

如犬反食其所吐、
여 견 반 식 기 소 토

잠26:12

爾見自視爲智者乎、
이 견 자 시 위 지 자 호

蠢者之望、
준 자 지 망

較彼猶大、
교 피 유 대

잠26:13

惰者云、
타 자 운

途中有獅、
도 중 유 사

衢中有獅、
구 중 유 사

잠26:14

惰者輾轉於牀、
타 자 전 전 어 상

如門在樞、
여 문 재 추

잠26:15

惰者染指於盂、
타 자 염 지 어 우

反之於口、
반 지 어 구

猶以爲勞、
유 이 위 로

잠26:16

惰者自視爲智、
타 자 자 시 위 지

愈於善應對者七人、
유 어 선 응 대 자 칠 인

잠26:17

行路而預不干己之
행 로 이 예 불 간 기 지

争、
쟁

如執犬耳、
여 집 견 이

잠26:18

癲者擲炬、
전 자 척 거

發矢行殺、
발 시 행 살

잠26:19

人欺鄰里、
인 기 린 리

自謂戲玩者、
자 위 희 완 자

亦如之、
역 여 지

잠26:20

絶薪則火滅、
절 신 즉 화 멸

無讒則争息、
무 참 즉 쟁 식

잠26:21

好競者之構爭、
호 경 자 지 구 쟁

如加炭於焰、
여 가 탄 어 염

如加薪於火、
여 가 신 어 화

잠26:22

讒毀者、
참 훼 자

言如甘旨、
언 여 감 지

入人甚深、
입 인 심 심

잠26:23

口溫而心惡、
구 온 이 심 악

猶以銀滓包瓦器、
유 이 은 재 포 와 기

잠26:24

懷憾之人、
회 감 지 인

口務文飾、
구 무 문 식

心藏詭譎、
심 장 궤 휼

잠26:25

其言雖甘、
기 언 수 감

爾勿信之、
이 물 신 지

蓋其心藏可惡之端有
개 기 심 장 가 악 지 단 유

七、
칠

잠26:26

其憾恨雖蓋以詭譎、
기 감 한 수 개 이 궤 휼

其邪慝必顯於會中、
기 사 특 필 현 어 회 중

잠26:27

掘阱者必自陷、
굴 정 자 필 자 함

轉石者反自傷、
전 석 자 반 자 상

잠26:28

舌謊者惡其所傷、
설 황 자 악 기 소 상

口諛者敗壞是行、
구 유 자 패 괴 시 행

# 箴言第二十七章
잠언제이십칠장

잠27:1

勿爲明日自誇、
물위명일자과

以爾不知一日出何事也、
이이불지일일출하사야

잠27:2

任他人揄揚爾、
임타인유양이

勿用己口、
물용기구

由外人稱讚爾、
유외인칭찬이

勿用己脣、
물용기순

잠27:3

石重沙沉、
석중사침

愚人之怒、
우인지노

殆有甚焉、
태유심언

잠27:4

怒乃殘忍、
노 내 잔 인

忿爲狂瀾、
분 위 광 란

至於嫉妒、
지 어 질 투

郭能當之、
곽 능 당 지

잠27:5

明責愈於隱愛、
명 책 유 어 은 애

잠27:6

友朋加傷、
우 붕 가 상

乃由忠信、
내 유 충 신

仇敵接吻、
구 적 접 문

則顯頻煩、
칙 현 빈 빈

잠27:7

人而飽飫、
인 이 포 어

蜂蜜亦厭、
봉 밀 역 염

人而飢餓、
인 이 기 아

荼苦亦甘、
도 고 역 감

잠27:8

人離家而遠遊、
인 리 가 이 원 유

如鳥離巢而飛翔、
여 조 리 소 이 비 상

잠27:9

膏與香悅人心、
고 여 향 열 인 심

至契之規勸、
지 계 지 규 권

其甘亦如是、
기 감 역 여 시

잠27:10

己友與父交、
기 우 여 부 교

不可遺棄、
불 가 유 기

遭難之時、
조 난 지 시

勿詣昆弟之室、
물 예 곤 제 지 실

相近之鄰里、
상 근 지 린 리

勝於相遠之兄弟、
승 어 상 원 지 형 제

잠27:11

我子、
아 자

當有明智、
당 유 명 지

以悅我心、
이 열 아 심

俾我可答訾我之人、
비 아 가 답 자 아 지 인

잠27:12

精明者見害而隱避、
정 명 자 견 해 이 은 피

樸拙者前往而遘災、
박 졸 자 전 왕 이 구 재

잠27:13

爲外人作保者、
위 외 인 작 보 자

可取其衣、
가 취 기 의

爲外婦作保者、
위 외 부 작 보 자

可質其身、
가 질 기 신

잠27:14

夙興而大聲祝其友、
숙 흥 이 대 성 축 기 우

人則以爲詛之、
인 칙 이 위 저 지

잠27:15

大雨之日、
대 우 지 일

水滴不已、
수 적 불 이

悍婦如之、
한 부 여 지

잠27:16

禦之者乃禦風、
어 지 자 내 어 풍

如以右手執油、
여 이 우 수 집 유

잠27:17

友朋相磨、
우 붕 상 마

如以鐵礪鐵、
여 이 철 려 철

잠27:18

守無花果樹者、
수 무 화 과 수 자

必食其實、
필 식 기 실

顧主人者、
고 주 인 자

必得其榮、
필 득 기 영

잠27:19

人心相對、
인 심 상 대

如鑑於水、
여 감 어 수

其面維肖、
기 면 유 초

잠27:20

陰府死域、
음 부 사 역

永無滿足、
영 무 만 족

世人之目、
세 인 지 목

亦無滿足、
역무만족

잠27:21
鼎以鍊銀、
정이련은
爐以鍊金、
로이련금
稱讚以鍊人、
칭찬이련인

잠27:22
愚人與穀、
우인여곡
以杵倂搗於臼、
이저병도어구
亦不能去其愚、 ○
역불능거기우

잠27:23
爾當詳察羊羣、
이당상찰양군
留意牛羣、
류의우군

잠27:24
蓋貨財不永存、
개화재불영존

冠冕豈世襲乎、
관 면 기 세 습 호

잠27:25

枯草旣菱、
고 초 기 상

嫩草復發、
눈 초 복 발

山間菜蔬、
산 간 채 소

亦已收斂、
역 이 수 렴

잠27:26

羔羊之毛、
고 양 지 모

以製爾衣、
이 제 이 의

山羊之値、
산 양 지 치

以購田畝、
이 구 전 무

잠27:27

並得山羊之乳、
병 득 산 양 지 유

足供爾與眷屬所食、
족 공 이 여 권 속 소 식

婢女所需、
비 녀 소 수

# 箴言第二十八章
장 언 제 이 십 팔 장

잠28:1
惡者無人追襲而逃、
악 자 무 인 추 습 이 도
義者猛勇若獅、
의 자 맹 용 약 사

잠28:2
國有罪惡、
국 유 죄 악
則主迭更、
칙 주 질 경
人有明哲、
인 유 명 철
則邦恆存、
칙 방 긍 존

잠28:3
貧者虐貧、
빈 자 학 빈
如暴雨衝沒穀食、
여 폭 우 충 몰 곡 식

잠28:4

棄法者譽惡人、
기 법 자 예 악 인

守法者與之爭、
수 법 자 여 지 쟁

잠28:5

惡人不明公義、
악 인 불 명 공 의

尋求耶和華者、
심 구 야 화 화 자

無所不明、
무 소 불 명

잠28:6

貧而正行、
빈 이 정 행

勝於富而乖戾、
승 어 부 이 괴 려

잠28:7

守法律者爲智子、
수 법 률 자 위 지 자

侶饕餮者辱其父、
려 도 철 자 욕 기 부

잠28:8

人取利以增財、
인 취 리 이 증 재

乃爲恤貧者積蓄之、
내 위 휼 빈 자 적 축 지

잠28:9

轉耳不聽法律者、
전 이 불 청 법 률 자

卽其所禱、
즉 기 기 도

亦爲可憎、
역 위 가 증

잠28:10

使正人誤入惡途、
사 정 인 오 입 악 도

必自陷於阱、
필 자 함 어 정

惟彼完人、
유 피 완 인

必承福祉、
필 승 복 지

잠28:11

富人自視爲智、
부 인 자 시 위 지

明哲之貧人洞悉之、
명 철 지 빈 인 동 실 지

잠28:12

義人得志、
의 인 득 지

羣衆誇耀、
군 중 과 요

惡人興起、
악 인 흥 기

庶民隱匿、
서 민 은 닉

잠28:13

蓋己過者、
개 기 과 자

必不亨通、
필 불 형 통

自承而改之者、
자 승 이 개 지 자

必蒙矜恤、
필 몽 긍 휼

잠28:14

常存敬畏者乃有福、
상 존 경 외 자 내 유 복

剛愎厥心者必遘禍、
강 퍅 궐 심 자 필 구 화

잠28:15

暴君制貧民、
폭 군 제 빈 민

如咆哮之獅、
여 포 효 지 사

覓食之熊、
멱 식 지 웅

잠28:16

乏識之君、
핍 식 지 군

多行暴厲、
다 행 폭 려

貪欲是疾、
탐 욕 시 질

必延年齡、
필 연 년 령

잠28:17

負流血之罪者、
부 류 혈 지 죄 자

奔於陷阱、
분 어 함 정

人勿阻之、
인 물 조 지

잠28:18

行正直者、
행 정 직 자

必蒙救援、
필 몽 구 원

行邪曲者、
행 사 곡 자

猝然傾覆、
졸 연 경 복

잠28:19

力其田者必足食、
력 기 전 자 필 족 식

從虛浮者必極貧、
종 허 부 자 필 극 빈

잠28:20

忠誠者、
충 성 자

其福充裕、
기 복 충 유

急欲獲財者、
급 욕 획 재 자

不免受刑、
불 면 수 형

잠28:21

瞻徇情面、
첨 순 정 면

乃爲不善、
내 위 불 선

爲片餠而枉法、
위 편 병 이 왕 법

亦爲不善、
역 위 불 선

잠28:22

眈眈者急於獲財、
탐 탐 자 급 어 획 재

不知窮乏之將至、
불 지 궁 핍 지 장 지

잠28:23

斥責人者、
척 책 인 자

終得恩寵、
종 득 은 총

較口諛者尤多、
교 구 유 자 우 다

잠28:24

竊父母之財、
절 부 모 지 재

自言無罪者、
자 언 무 죄 자

乃與殘賊同流、
내 여 잔 적 동 류

잠28:25

心貪者啟爭端、
심 탐 자 계 쟁 단

恃耶相華者得豐裕、
시 야 상 화 자 득 풍 유

잠28:26

師心自用者、
사 심 자 용 자

乃爲愚蠢、
내 위 우 준

以智而行者、
이 지 이 행 자

必得救援、
필 득 구 원

잠28:27

濟貧者不至匱乏、
제 빈 자 불 지 궤 핍

佯爲不見者、
양 위 불 견 자

多招咒詛、
다 초 주 저

잠28:28

惡者興起、
악 자 흥 기

庶民隱匿、
서 민 은 닉

惡者敗亡、
악 자 패 망

義人增多、
의 인 증 다

# 箴言第二十九章
잠 언 제 이 십 구 장

잠29:1
屢受斥責、
루 수 척 책
仍復強項、
잉 복 강 항
敗亡必速、
패 망 필 속
無術可治、
무 술 가 치

잠29:2
義者秉權、
의 자 병 권
庶民欣喜、
서 민 흔 희
惡人操柄、
악 인 조 병
億兆咨嗟、
억 조 자 차

잠29:3
好智者悅父、
호 지 자 열 부

狎妓者傷財、
압 기 자 상 재

잠29:4

王秉公義、
왕 병 공 의

使國堅立、
사 국 견 립

索賄者傾覆之、
색 회 자 경 복 지

잠29:5

諂諛鄰里、
첨 유 린 리

乃投網羅、
내 투 망 라

以絆其足、
이 반 기 족

잠29:6

惡人犯罪、
악 인 범 죄

內伏網羅、
내 복 망 라

惟彼義人、
유 피 의 인

歡呼喜樂、
환 호 희 락

잠29:7

貧者構訟、
빈 자 구 송

義者察之、
의 자 찰 지

惡人乏識、
악 인 핍 식

不達其義、
불 달 기 의

잠29:8

侮慢者鼓煽城邑、
모 만 자 고 선 성 읍

智慧者止息忿怒、
지 혜 자 지 식 분 노

잠29:9

智愚相爭、
지 우 상 쟁

智者或怒或笑、
지 자 혹 노 혹 소

其爭不息、
기 쟁 불 식

잠29:10

嗜殺者憾完人、
기 살 자 감 완 인

索正人之命、
색 정 인 지 명

잠29:11
愚者有怒盡吐之、
우 자 유 노 진 토 지
智者有怒抑制之、
지 자 유 노 억 제 지

잠29:12
君長若聽誑言、
군 장 약 청 광 언
臣僕則盡奸邪、
신 복 칙 진 간 사

잠29:13
貧者暴者錯處、
빈 자 폭 자 착 처
其目皆爲耶和華所燭
기 목 개 위 야 화 화 소 촉
照、
조

잠29:14
王以誠鞫貧民、
왕 이 성 국 빈 민
其國位必永立、
기 국 위 필 영 립

잠29:15

杖責兼施益子智、
장 책 겸 시 익 자 지

放縱之子貽母羞、
방 종 지 자 이 모 수

잠29:16

惡者增不法亦增、
악 자 증 불 법 역 증

義者得見其傾覆、
의 자 득 견 기 경 복

잠29:17

懲責爾子、
징 책 이 자

致得綏安、
치 득 수 안

亦悅爾心、
역 열 이 심

잠29:18

若無啟示、
약 무 계 시

則民放恣、
칙 민 방 자

惟守律者有福、
유 수 률 자 유 복

잠29:19

以言責僕無益、
이 언 책 복 무 익

彼雖明晰、
피 수 명 석

亦弗聽從、
역 불 청 종

잠29:20

爾見語言急躁者乎、
이 견 어 언 급 조 자 호

蠢者之望、
준 자 지 망

較彼猶大、
교 피 유 대

잠29:21

人育奴僕自幼嬌之、
인 육 노 복 자 유 교 지

終則成爲其子、
종 칙 성 위 기 자

잠29:22

易怒者啟爭端、
역 노 자 계 쟁 단

暴怒者多干罪、
폭 노 자 다 간 죄

잠29:23

人高傲必致卑下、
인고오필치비하

心謙遜必得尊榮、
심겸손필득존영

잠29:24

與盜爲侶、
여도위려

乃惡己命、
내악기명

聞令發誓、
문령발서

默然無言、
묵연무언

잠29:25

畏人必陷羅網、
외인필함라망

惟恃耶和華者、
유시야화화자

必得安居、
필득안거

잠29:26

求王恩者多、
구왕은자다

定人之讞、
정인지얼

由於耶和華、
유 어 야 화 화

잠29:27

不公者爲義人所惡、
불 공 자 위 의 인 소 악

行正者爲惡人所疾、
행 정 자 위 악 인 소 질

## 箴言第三十章
잠 언 제 삼 십 장

잠30:1

瑪撒人雅基子亞古珥
마 살 인 아 기 자 아 고 이

之眞言、
지 진 언

傳於以鐵及烏甲曰、
전 어 이 철 급 오 갑 왈

잠30:2

我蠢於衆、
아 준 어 중

無世人之明哲、
무 세 인 지 명 철

잠30:3

未學智慧、
미 학 지 혜

未知唯一之聖者、
미 지 유 일 지 성 자

잠30:4

誰升天又降、
수 승 천 우 강

誰聚風在握、
수 취 풍 재 악

誰包水在衣、
수 포 수 재 의

誰奠地之四極、
수 전 지 지 사 극

其人何名、
기 인 하 명

其子何名、
기 자 하 명

爾知之乎、○
이 지 지 호

잠30:5

祅上帝之言皆純、
천 상 제 지 언 개 순

凡託庇於彼者、
범 탁 비 어 피 자

必爲其盾、
필 위 기 순

잠30:6

其 言 爾 勿 增 益、
기 언 이 물 증 익

恐 受 斥 責、
공 수 척 책

以 顯 爾 妄、○
이 현 이 망

잠30:7

我 所 求 者 有 二、
아 소 구 자 유 이

於 我 未 死 之 先、
어 아 미 사 지 선

其 勿 辭 焉、
기 물 사 언

잠30:8

使 虛 僞 欺 誑 遠 我、
사 허 위 기 광 원 아

貧 與 富 皆 勿 畀 我、
빈 여 부 개 물 비 아

惟 以 所 需 之 食 食 我、
유 이 소 수 지 식 식 아

잠30:9

恐 我 飽 飫、
공 아 포 어

而 不 識 爾、
이 불 식 이

謂耶和華爲誰、
위 야 화 화 위 수

或貧乏而行竊、
혹 빈 핍 이 행 절

褻瀆我祆上帝之名、
설 독 아 천 상 제 지 명

○

잠30:10

勿對主謗僕、
물 대 주 방 복

恐彼詛爾、
공 피 저 이

爾爲有罪、
이 위 유 죄

잠30:11

有人詛其父、
유 인 저 기 부

不祝其母、
불 축 기 모

잠30:12

有人自視爲潔、
유 인 자 시 위 결

而實未滌其汚、
이 실 미 척 기 오

잠30:13

有人仰其目、
유 인 앙 기 목

高其睫、
고 기 첩

잠30:14

有人牙如劍、
유 인 아 여 검

齒如刀、
치 여 도

慾盡噬世上之困苦
욕 진 서 세 상 지 곤 고

者、
자

及人間之窮乏者、○
급 인 간 지 궁 핍 자

잠30:15

水蛭有二女、
수 질 유 이 녀

每呼曰予予、
매 호 왈 여 여

永無饜者有三、
영 무 염 자 유 삼

謂不足者有四、
위 불 족 자 유 사

잠30:16

卽陰府之所、
즉 음 부 지 소

不妊之胎、
불 임 지 태

滲水未足之地、
삼 수 미 족 지 지

燃燒不止之火、○
연 소 불 지 지 화

잠30:17

侮慢其父、
모 만 기 부

藐視背逆其母者、
막 시 배 역 기 모 자

其目必爲穀鴉所啄、
기 목 필 위 곡 아 소 탁

鷹雛所噬、○
응 추 소 서

잠30:18

奇妙之事、
기 묘 지 사

我所莫測者有三、
아 소 막 측 자 유 삼

我所未知者有四、
아 소 미 지 자 유 사

잠30:19

卽鷹飛於天、
즉 응 비 어 천

蛇行於磐、
사 행 어 반

舟行於海、
주 행 어 해

男女交合之道、
남 녀 교 합 지 도

잠30:20

淫婦之行亦然、
음 부 지 행 역 연

食畢拭口、
식 필 식 구

則曰我未行惡、 ○
즉 왈 아 미 행 악

잠30:21

震動寰宇者有三、
진 동 환 우 자 유 삼

寰宇不能堪者有四、
환 우 불 능 감 자 유 사

잠30:22

卽奴隷爲王、
즉 노 례 위 왕

愚者飽食、
우 자 포 식

잠30:23

醜女適人、
추 녀 적 인

婢繼主母、
비 계 주 모

잠30:24

在地有四物、
재 지 유 사 물

雖微而甚慧、
수 미 이 심 혜

잠30:25

即蟻族無力、
즉 의 족 무 력

夏時備食、
하 시 비 식

잠30:26

沙番弱物、
사 번 약 물

營窟於磐、
영 굴 어 반

잠30:27

蝗蟲無王、
황 충 무 왕

分隊而出、
분 대 이 출

잠30:28

守宮行以掌、
수 궁 행 이 장

居處於王宮、○
거 처 어 왕 궁

잠30:29

行而有儀者有三、
행 이 유 의 자 유 삼

動而有威者有四、
동 이 유 위 자 유 사

잠30:30

卽獅爲百獸長、
즉 사 위 백 수 장

無所迴避、
무 소 회 피

잠30:31

獵犬、
렵 견

牡山羊、
모 산 양

無敵之王、○
무 적 지 왕

잠30:32

爾若自高而妄爲、
이 약 자 고 이 망 위

或懷惡念、
혹 회 악 념

當以手掩口、
당 이 수 엄 구

잠30:33

搖乳則成酪、
요 유 칙 성 락

扭鼻則出血、
뉴 비 칙 출 혈

動怒則致爭、
동 노 칙 치 쟁

# 箴言 第三十一章
잠 언 제 삼 십 일 장

잠31:1

瑪撒王利慕伊勒之眞
마 살 왕 리 모 이 륵 지 진

言、
언

其母所訓者、
기 모 소 훈 자

잠31:2

曰、
왈

我子歟、
아 자 여

我胎所產、
아태소산

我許願而得之子歟、
아허원이득지자여

我何言乎、
아하언호

잠31:3

勿耗精力於婦女、
물모정력어부녀

勿費經營於害王躬
물비경영어해왕궁

者、
자

잠31:4

利慕伊勒歟、
리모이륵여

王飮淸酒、
왕음청주

牧伯問醇醪之所在、
목백문순료지소재

皆非所宜、
개비소의

잠31:5

恐飮酒忘法、
공음주망법

枉斷困苦者之獄、
왕 단 곤 고 자 지 옥

잠31:6

當以醇醪飮瀕死者、
당 이 순 료 음 빈 사 자

以淸酒飮苦心者、
이 청 주 음 고 심 자

잠31:7

縱彼飮之、
종 피 음 지

使忘其貧、
사 망 기 빈

不憶其苦、
불 억 기 고

잠31:8

當爲喑啞者啓口、
당 위 암 아 자 계 구

爲孤獨者伸寃、
위 고 독 자 신 원

잠31:9

啓口秉公判斷、
계 구 병 공 판 단

爲貧苦者辨屈、
위 빈 고 자 변 굴

잠31:10

孰得賢婦、
숙 득 현 부

價愈珍珍、
가 유 진 진

잠31:11

其夫恃之、
기 부 시 지

得利無匱、
득 리 무 궤

잠31:12

終婦之身、
종 부 지 신

有益無損、
유 익 무 손

잠31:13

求毧與枲、
구 융 여 시

樂於操作、
락 어 조 작

잠31:14

譬彼商舟、
비 피 상 주

遠運食物、
원 운 식 물

잠31:15

未明而起、
미 명 이 기

供食家人、
공 식 가 인

頒工婢女、
반 공 비 녀

잠31:16

度田畝而購之、
도 전 무 이 구 지

以手所獲、
이 수 소 획

植葡萄園、
식 포 도 원

잠31:17

以力束腰、
이 력 속 요

而健其臂、
이 건 기 비

잠31:18

知貿易之獲利、
지 무 역 지 획 리

其燈終夜不熄、
기 등 종 야 불 식

잠31:19

手執績軸、
수집적축

掌持紡具、
장지방구

잠31:20

舒手以濟貧、
서수이제빈

擧手以振困、
거수이진곤

잠31:21

不慮家人遇雪、
불려가인우설

因其皆衣紫衣、
인기개의자의

잠31:22

自製華毯、
자제화담

服枲與絳、
복시여강

잠31:23

其夫與邑中長老、
기부여읍중장로

同坐邑門、
동좌읍문

爲衆所識、
위 중 소 식

잠31:24

彼製枲衣而鬻之、
피 제 시 의 이 죽 지

售紳於商賈、
수 신 어 상 가

잠31:25

勢力威儀爲其服、
세 력 위 의 위 기 복

念及將來則喜笑、
념 급 장 래 칙 희 소

잠31:26

智慧發於口、
지 혜 발 어 구

慈訓達於舌、
자 훈 달 어 설

잠31:27

勤家政、
근 가 정

不素餐、
불 소 찬

잠31:28

其子起而祝之、
기 자 기 이 축 지

其夫讚之、
기 부 찬 지

잠31:29

曰、
왈

賢女甚多、
현 녀 심 다

惟爾爲冠、
유 이 위 관

잠31:30

美姿屬僞、
미 자 속 위

豔色爲虛、
염 색 위 허

惟寅畏耶和華
유 인 외 야 화 화

之婦、
지 부

必得稱揚、
필 득 칭 양

잠31:31

以其操作之
이 기 조 작 지

果效歸之、
과 효 귀 지

願 其 工 作 於
원 기 공 작 어

邑 門 榮 之、
읍 문 영 지

終

# 板 權 誌

❀ 聖 經 筆 寫 (第七卷 ㊤ )

❀ 초판 1 쇄 2017년 08 월 21 일

❀ 聖經筆寫協會 : 編纂委員

❀ 著 : 柳 賢 授

❀ 펴낸이 : 도서출판 保 惠

❀ 출판 등록 제2014-000001 호 (2014.01.03.)

❀ 주소 : 천안시 서북구 하리1길 39

❀ 전화 : 010-2239-0675

❀ ISBN : 979-11-87802-29-7

셋트 ISBN: 979-11-87802-11-2 (전2권)